UN

AMANT TROP AIMÉ

PAR

MAXIMILIEN PERRIN.

1

PARIS
ALEXANDRE CADOT, ÉDITEUR
37, RUE SERPENTE, 37.

UN AMANT TROP AIMÉ

OUVRAGES DE MAXIMILIEN PERRIN.

Un Amant trop aimé............................	2 vol.
L'Enfant de l'amour............................	2 vol.
Le secret de Madame...........................	2 vol.
Les Mariages d'Inclination....................	2 vol.
Manon la Ravaudeuse...........................	2 vol.
Le Mari d'une jolie femme.....................	2 vol.
L'Amour à l'aveuglette.........................	2 vol.
Le mariage aux écus............................	2 vol.
Le Sultan du quartier..........................	2 vol.
Laquelle des deux..............................	2 vol.
Partie et revanche.............................	2 vol.
Le beau Cousin.................................	2 vol.
Riche d'amour..................................	2 vol.
Une passion diabolique........................	2 vol.
L'ouvrier gentilhomme.........................	2 vol.
Le Mari d'une comédienne......................	3 vol.
L'ami de la maison.............................	2 vol.
La fille d'une Lorette.........................	4 vol.
Le garde municipal.............................	2 vol.
La Demoiselle de la confrérie.................	2 vol.
L'Amour et la faim.............................	2 vol.
Vierge et modiste..............................	2 vol.
Le Capitaine de Spahis.........................	2 vol.
Un mauvais coucheur............................	2 vol.
Une fille à marier.............................	2 vol.

Imprimerie de E. Dépée, à Sceaux.

UN

AMANT TROP AIMÉ

PAR

MAXIMILIEN PERRIN.

1

PARIS
ALEXANDRE CADOT, ÉDITEUR
37, RUE SERPENTE, 37.

1862

I

Par une belle matinée de juin, dans un bourg appelé le Breuil, situé entre Vendôme et Blois, entrait une calèche bourgeoise dans laquelle se trouvaient deux personnages, un monsieur et une dame.

Le premier, âgé de soixante-dix ans à peu près et avantagé d'une figure respectable, était M. Desrieux, ancien manufacturier retiré des affaires avec une fortune considérable, et propriétaire d'un fort beau château appelé Villebelle situé à deux lieues de Blois et dans lequel il passait les trois-quarts de l'année. La seconde personne, c'est-à-dire la dame, était mademoiselle Flora Desrieux, vieille fille frisant la cinquantaine, fort laide mais en compensation, propriétaire d'une trentaine de mille francs de rentes, avantage qui lui avait procuré la faveur d'être souvent recherchée pour le mariage, lien sacré devant lequel la demoiselle avait toujours reculé, voulant conserver sa douce liberté pour la consacrer entièrement à l'étude du grec et du latin, langues pour lesquelles elle s'était passionnée, qu'elle étudiait, traduisait depuis nombre d'années, en l'espoir d'illustrer son nom en léguant à la postérité un grand ouvrage scientifique dont elle rêvait l'enfantement.

Comme la voiture montait au pas la grande et principale rue du bourg, les regards de l'ex-manufacturier se fixèrent sur un jeune homme qui marchait d'un pas vif, la tête baissée, dont la chevelure négligée et tombante, cachait une partie du visage et empêchait qu'on en distinguât les traits : les misérables vêtements qui couvraient son corps, faisaient un contraste bizarre avec l'élégance de sa taille et la grâce de sa démarche.

— Voilà un garçon qui ne me paraît ni heureux ni content, observa mademoiselle Flora Desrieux, tout en suivant du regard le jeune inconnu, ainsi que le faisait son frère.

— Je pense, ainsi que vous, ma sœur. Oui, je suis certain qu'il y aurait chez ce jeune homme une grande infortune à soulager, répliqua M. Desrieux.

— Oh, je vous reconnais là, cher frère, toujours prêt à ouvrir votre bourse au premier venu qui vous semble nécessiteux, sans même vous informer si l'infortune que vous soulagez n'est pas le résultat du vice et de l'inconduite.

— Flore, selon moi, il vaut mieux se tromper en plaçant mal un bienfait, que de le refuser par méfiance à celui qui en serait vraiment digne ; mais, vous qui parlez, n'êtes-vous pas, ma chère sœur, la première à faire le bien aux malheureux habitants des chaumières, qui entourent notre château ?

Comme le frère disait ces mots, la calèche entrait dans la cour d'une institution des jeunes garçons dont le maître, espèce de poussa d'une extrême laideur, à la mine jésuitique, pateline, à la vue de l'équipage élégant s'empressa d'accourir pour se confondre en salutations et compliments ; afin d'inviter le frère et la sœur à entrer dans une salle basse assez confortablement meublée qui servait de parloir, où il s'empressa de leur avancer des sièges.

— Monsieur, m'étant laissé dire que votre maison est le meilleur pensionnat du canton, et désireux d'y placer le fils de l'adjoint du village où se trouve située ma propriété, je me suis rendu auprès de vous afin de m'assurer du genre d'éducation que vous donnez aux élèves qu'on confie à vos soins et du prix que vous exigez, dit M. Desrieux.

— Et par-dessus tout, mon cher monsieur, d'approfondir votre savoir, cela en qualité de protectrice des arts et des sciences, car telle que vous me voyez, je cultive les belles-lettres, je parle grec et latin.

Cela dit, Flora persuadée que le maître d'une telle pension était un homme instruit entama une conversation savante, entrelardée de force citations latines, à laquelle le pauvre pédant ne sut quoi répondre, car il ne connaissait en fait de grec et de latin, que sa langue natale; enfin, toute la science du cher homme à ce que devina facilement mademoiselle Flora Desrieux, se bornait à une grande volubilité de paroles, à quelques phrases recherchées. Or, confus, embarrassé, le pauvre instituteur garda quelque temps le silence ; mais ensuite réfléchissant qu'il n'avait affaire qu'à une femme, il eut recours à la flatterie, dans l'espoir de lui faire oublier son ineptie.

Flora, étonnée de rencontrer tant d'ignorance dans un homme qui se décorait du titre d'instituteur, conçut aussitôt pour lui le plus grand mépris et se disposait même à le foudroyer de sa supériorité, lorsque la porte de la salle s'ouvrit et qu'une grande femme aux allures communes d'une mise plus que négligée et les manches retroussées jusqu'aux coudes, entra bruyamment et s'écriant d'un ton joyeux :

— Mon homme, je viens t'annoncer

qu'il a quitté le bourg, qu'il chemine en ce moment sur la grand'route, comme un mendiant, sans le sou ni maille, qu'importe ! le principal est qu'il se soit enfin décidé à avoir du cœur pour la première fois de vie et que nous voilà pour toujours, dieu merci ! débarrassés de ce bâtard que nous nourrissons par charité, depuis bientôt deux ans que sont morts les vieux imbéciles qui par sensiblerie et sans consulter leurs moyens, s'étaient plu d'en faire leur enfant et de le traiter comme tel.

— C'est bien ! c'est bien, femme, assez parler et d'ennuyer de ces détails, les honorables personnes ci-présentes, dont l'intention est de nous confier l'éducation d'un jeune homme qu'elles protégent. Retournez à vos fourneaux, madame Broquet et faites en sorte d'y bien soigner le dîner de nos chers pensionnaires, fit l'époux fort contrarié, en lançant des regards foudroyants à sa femme.

— Comme tu me regardes en chien de fusil, Almanzor; est-ce que j'aurais, par malheur, dit quelques paroles incohérentes capables de blesser la susceptibilité de monsieur ainsi que de madame? reprit la grosse femme devenue rouge comme cerise.

— Aucunement, madame; mais y aurait-il indiscrétion à vous demander si le jeune homme dont le départ semble vous rendre si joyeuse, ne serait pas le même que nous avons aperçu dans la rue en venant ici, lequel paraissait être fort chagrin? s'informa M. Desrieux: il portait une redingotte grise, un pantalon de toile bleue, et marchait la tête basse comme un homme fort affligé.

— C'est bien en effet ce misérable bâtard, hébergé depuis dix-huit ans par la charité des braves gens qui avaient été assez faibles pour le prendre en pitié, duquel, il y a quatre ans, nous a embarrassé la vieille mère Dupuis, une femme de ce bourg, aussitôt après la mort de son brave homme de mari, sous le prétexte que ce garnement avait besoin d'achever les études qu'il avait commencées au collège.

de Blois, reprit la dame Broquet avec aigreur.

— Ce jeune homme était-il donc à votre charge? demanda Flora.

— Non pas jusqu'alors, grâce à ce que mon homme, avant de prendre un tel élève, avait eu le soin de se faire payer d'avance les quatre années qu'il devait passer ici; mais la mère Dupuis étant décédée il y a deux mois, sans laisser un sou vaillant, et personne ne s'offrant à sa place pour payer la pension du bâtard, ce que nous avions de mieux à faire était de le flanquer à la porte après l'avoir nourri trois semaines en plus que la pension payée, en lui retenant, bien entendu, les quelques effets qu'il possédait, afin de nous indemniser des frais de sa nourriture.

— Madame Broquet, vous êtes une bavarde ! qui, pour casser la tête de monsieur et de madame de choses qui leurs ont indifférentes, laissez sans pitié brûler le dîner de mes chers amours d'enfants, dit Broquet en s'efforçant de dissimuler sous un faux sourire la violente colère qu'avait soulevé en lui la sotte indiscrétion de sa femme.

— Aviez-vous à vous plaindre de la conduite de ce jeune homme ? s'informa M. Desrieux.

— Beaucoup, monsieur ; un drôle qui

prétendait en savoir plus que moi, qui....

— Mais sous le rapport de la conduite, des mœurs enfin ?... demanda Flora avec impatience.

— Un sot, une véritable poule mouillée, un hypocrite, ne parlant jamais, fuyant le monde sous le prétexte d'étudier, répliqua le maître d'école.

— Et qui mange que ça en est effrayant! fit la dame Broquet.

— Mais ainsi chassé de votre maison, sans amis ni ressources, que va devenir ce malheureux jeune homme? demanda M. Desrieux.

— Ma foi! cela ne nous inquiète que très-peu; le principal est que nous en soyons débarrassés, nos moyens ne nous permettant pas de nourrir ni d'héberger les indigents, reprit la dame Broquet avec insouciance.

— Pour Dieu, femme, brisons sur ce Maurice, et laissez à nos honorables visiteurs la possibilité de nous entretenir de l'aimable élève qu'ils ont l'intention de confier à nos soins paternels, dit l'instituteur.

— Monsieur, ma sœur et moi avons changé d'avis. Comme c'est à des gens capables d'enseigner non-seulement la science, mais encore cette vertu qu'on appelle la charité, que nous désirons confier l'enfant auquel nous nous intéressons, l'action cruelle que vous avez commise en chassant inhumainement de votre toit un malheureux orphelin, cette insouciance coupable, révoltante que vous manifestez à l'égard du sort qui l'attend hors d'ici, vous rendent indigne de notre confiance.

— Et surtout, interrompit Flora, de la part d'un homme qui ne sait ni le grec ni le latin... partons, mon frère; peut-être qu'en nous pressant serons-nous assez heureux pour rejoindre ce pauvre jeune homme et pouvoir le secourir.

— Vous avez raison, ma chère sœur; à nous le soin de réparer les torts de ces gens, celui d'arracher ce pauvre enfant à la douleur, à la misère.

S'étant levés en disant ceci, le frère et la sœur, l'âme indignée, s'éloignèrent pour rejoindre leur voiture sans daigner même adresser un salut à Broquet ainsi qu'à sa femme, qui tous deux ébahis et déceptionnés les laissèrent partir sans oser leur adresser de nouveau la parole.

— Eh bien, sotte créature, vous voyez le résultat de votre imprudent bavardage; un élève qui nous échappe, une grosse pension de moins à encaisser, fit Broquet avec colère. Ne pouviez-vous attendre que nous fussions seuls pour venir m'apprendre que ce Maurice s'était enfin décidé à nous débarrasser de sa personne ainsi que je le lui ordonnais, depuis six semaines que la mère Dupuis, sa protectrice, s'est laissée mourir? Allez, vous n'êtes qu'une bavarde, une maladroite! Que cela serve de leçon à tout bénet qui, ainsi que je l'ai fait, s'aviserait de vouloir épouser sa cuisinière.

— Dites-donc, monsieur Broquet, toute cuisinière que j'étais, un sans le sou tel que vous a été trop heureux de m'épouser pour encaisser les vingt mille francs dont je venais d'hériter de mon oncle Grinchet, interrompit la dame avec colère; au lieu de vous plaindre d'une femme comme moi, qui, avec une somme rondelette, possède en plus le talent de savoir faire avaler à vos gouillâffres de pensionnaires des soupes et des ragoûts sans beurre ; félicitez-vous de m'avoir trouvée, car, sans moi, il y a longtemps, ma foi, que votre baraque d'école serait renversée et que vous seriez dans la misère.

Tandis que les époux s'adressaient ces reproches, la calèche qui avait traversé le bourg roulait sur la grande route où, par sa course rapide, elle tarda peu à rejoindre le jeune homme après lequel elle courait.

Maurice, au moment où la voiture l'atteignit, venait de s'asseoir sur le bord d'un fossé où, le visage caché dans ses mains, il semblait se livrer à toute l'amertume des douloureuses réflexions que devait nécessairement lui inspirer la pénible position à laquelle il se trouvait réduit; mais la voiture, en s'arrêtant, lui fit lever la tête et apercevoir le frère et la sœur qui fixaient sur lui des regards où se peignaient l'intérêt et la pitié.

— Jeune homme, veuillez vous approcher, lui dit M. Desrieux d'un ton de bonté.

Maurice obéit et s'approcha de la voiture avec respect et timidité.

— C'est bien vous qui vous appelez Maurice et sortez de la pension d'un nommé Broquet?

— C'est moi-même, monsieur, qui ai quitté cette maison, où il me serait impossible de pouvoir acquitter la dépense que nécessiterait un plus long séjour de ma part, répondit modestement le jeune homme.

— Mais où allez-vous ainsi, mon ami, sans argent ni ressource? car nous connaissons votre position, nous savons que ce Broquet, sans égard pour votre isolement, vous a chassé impitoyablement de chez lui, dit Flora à son tour, tout en fixant avec intérêt la charmante physionomie de Maurice.

— Je vais, madame, où il plaira à Dieu, en qui j'ai confiance, de guider mes pas, certain alors d'y trouver du travail et d'y gagner honorablement mon pain, reprit Maurice les larmes aux yeux.

— Monsieur Maurice, cette confiance que vous placez en Dieu annonce en vous une âme honnête et pieuse... Tenez, prenez ce papier sur lequel je viens de tracer le nom de notre château, afin que vous vous y rendiez instantanément; j'espère vous y retrouver à notre retour et pouvoir vous employer selon vos capacités, dit M. Desrieux.

— Jeune homme, prenez encore ceci, fit Flora, en présentant au jeune homme un papier dans lequel elle venait d'envelopper quelques pièces d'or.

Maurice prit d'une main l'adresse et de l'autre le paquet, sans se douter de ce qu'il contenait, et cela en gardant un profond silence; mais ses regards exprimaient plus qu'il n'aurait pu dire. L'étonnement et la reconnaissance étaient peints dans ses traits; il resta immobile, sans avoir la force de prononcer un mot; et ce fut en cette attitude qu'il regardait la voiture s'éloigner, fuir au loin, ne sachant s'il rêvait ou s'il était éveillé. Un charretier qui lui cria plusieurs fois de se ranger, le tira de son engourdissement.

— Veuillez m'indiquer, monsieur, la chemin qu'il me faut suivre pour me rendre au château de Villebelle? demanda Maurice à ce charretier.

— C'te route-ci jusqu'à la fourche où vous prendrez celle de gauche qui conduit à Blois, où, à une lieue avant d'arriver à cette ville, vous apercevrez sur la côte le château en question.

— Ai-je un long chemin à faire avant d'y arriver?

Trois petites lieues ; mais comme j'vons de c'côté, s'il vous plaît d'monter dans ma charrette, nous causerons tout en faisant du chemin, proposa le charretier, petit homme trapu à la figure de fouine.

— Très-volontiers, monsieur, et je vous rends grâce d'avance de votre obligeance, répliqua Maurice, tout en se hissant dans la charrette pour s'y asseoir à côté du conducteur.

— Est-ce que vous venez de bien loin comme ça, soit dit sans curiosité?

— De Breuil, où j'étais placé dans l'institution de M. Broquet.

— Broquet, l'maître d'école qu'a épousé sa cuisinière à la seule fin d's'approprier ses écus? j' connaissons ça... Et vous allez de ce pas au château de Villebelle chez môsieu Desrieux? un brave homme s'il en fût...

— Je ne le connais pas, mais c'est sans doute lui qui, me rencontrant tout à l'heure sur la route, m'a engagé de me rendre à son château, tandis que la dame qui était dans la voiture avec lui me remettait ce petit paquet, répondit Maurice en montrant le papier dans lequel étaient renfermées les pièces d'or.

— Tiens ? quoi donc qu'il y a là dedans ? demanda curieusement le charretier en clignotant ses petits yeux gris.

— Je l'ignore encore.

— Ma fine, vous êtes peu curieux, mon garçon... voyons donc ce que renferme ce chiffon.

Maurice, pour satisfaire son compagnon, ouvrit le papier, et dix pièces d'or de vingt francs brillèrent à ses yeux, à sa grande surprise ainsi qu'à celle du charretier, dont l'expression de la cupidité et de la convoitise animèrent aussitôt le regard.

— Jarni! quoi que vous allez faire de ce trésor, mon p'tit jeune homme? A vot' âge, il est dangereux d'posséder tant de quibus, savez-vous ben?

— Je veux rendre cet or à la personne généreuse qui, me prenant en pitié, a daigné me le donner ; car le seul que j'envie pour mes besoins est celui que j'aurai su gagner par mon travail, répondit Maurice tout en renfermant l'or dans le papier pour ensuite le remettre dans sa poche.

— Voilà qui est joliment parler et prouve que vous êtes un honnête garçon... A propos, avez-vous dîné?

— Je n'ai rien mangé depuis hier.

— Corbleu! mais vous devez alors avoir une faim d'enragé, car voilà qu'il est la quatrième heure après midi, et moi qui vous parle, quoi qu'ayant déjeuné à c'matin, j'sens que je mangerai ben un morceau de bon cœur.

— Un peu de nourriture me ferait grand bien, je ne vous le cacherai pas; mais comme je n'ai pas d'argent, il me faut attendre.

— Pas d'argent, soit; mais vous êtes

cousu d'or, ce qui revient au même, observa en riant le charretier.

— Je vous ai dit, monsieur, que je voulais rendre cet or à la généreuse personne qui me l'a donné, et pour tout au monde je n'y toucherai pas.

— C'est juste, j'avais oublié ; mais moi, bon diable, quoique n'ayant ni or ni argent à donner, je suis assez riche cependant pour ne pas laisser mourir un chrétien de faim, ce qui fait que je vous offre de partager sans façon avec moi le souper que j'vais me faire servir dans le premier cabaret qu'nous allons rencontrer. Qu'en dites-vous ?

— Que vous êtes un homme aussi charitable qu'obligeant, mais que je ne sais trop si je dois accepter sous peine d'être indiscret, répondit Maurice, duquel l'estomac ressentait à ce moment les affreux tiraillements de la faim.

— Acceptez tout d'même, vu que c'est d'bon cœur que j'vous offrons.

Maurice, ainsi pressé, accepta ; car ainsi lui conseillait l'appétit atroce qui le torturait, faim que n'avait pas peu contribué d'augmenter les cahots incessants de la charrette dans laquelle il était huché.

Après un quart d'heure de route, le lourd véhicule s'arrêta sur la route, devant la porte d'un misérable cabaret dans lequel, après avoir attaché son cheval, le charretier fit entrer Maurice qu'il conduisit dans une salle sombre et crasseuse située sur le derrière de la boutique où tous deux prirent place à une des tables qui meublaient le taudis.

— Holà! la fille! une gibelotte et du vin, et lestement encore, car nous avons une faim du diable, cria le charretier.

Le vin fut servi d'abord, et l'amphytrion s'empressa d'en remplir le verre de Maurice et le sien. Le jeune homme que pressait la soif but avec avidité plusieurs coups de suite sans trop y prendre garde, si bien que lorsqu'arriva la gibelotte, le pauvre Maurice qui, à partir du jour qu'il était devenu le pensionnaire de l'instituteur Broquet avait été condamné à ne boire que de l'eau, sentit la tête lui tourner et ses paupières s'appesantir. Nul doute que la nourriture n'aurait pas manqué de dissiper les vapeurs qui obstruaient le cerveau de Maurice, si son compagnon ne s'était acharné à le pousser à boire, à lui verser coup sur coup, si bien enfin que le jeune homme, complètement enivré par un vin détestable, se sentit saisi d'un violent malaise, puis d'un sommeil irrésistible auquel il s'abandonna la tête appuyée sur la table.

Lorsque Maurice, après avoir dormi près de quatre heures, ouvrit la paupière, sa surprise fut grande de ne plus retrouver son compagnon en face de lui et surtout en apprenant que cet homme s'était remis en route sans lui, aussitôt après le souper ; Maurice regretta ce départ précipité qui le privait de la satisfaction de pouvoir remercier l'homme charitable qui avait partagé son pain avec lui.

Maurice donc, quoi qu'il fut alors près de sept heures et que la nuit ne pouvait tarder à venir, résolut de se remettre en route, en l'espérance que la marche achèverait de dissiper le reste de malaise qu'il ressentait encore ; il se disposait donc à quitter le cabaret lorsque le cabaretier lui barra subitement le passage en lui disant :

— Halte-là, pochard ! depuis quand

est-il d'usage de quitter une auberge avant d'avoir soldé son compte ?

Maurice assez surpris de cette inattendue réclamation, demanda au cabaretier si son compagnon qui l'avait invité à souper, n'avait pas soldé l'écot avant de partir.

— Lui, payer ! Allons donc ! est-ce qu'une canaille comme ce Pichu a pour habitude de payer ce qu'il boit et mange... Croyez-vous donc que je lui aurais servi seulement un verre d'eau, si en entrant ici, il ne m'avait assuré que c'était vous qui vous chargiez d'acquitter la dépense.

— Hélas, monsieur, cet homme vous a indignement trompé, car me sachant pauvre et sans argent, c'est lui qui, sous le prétexte de me soulager dans ma misère, m'a offert de partager son repas, dit tristement Maurice.

— Bon, bon! connues toutes ces finesses là, vous êtes deux coquins qui se sont entendus pour m'attraper, mais vous n'y réussirez pas... Allons, paye, mon garçon, c'est six francs qu'il te faut me compter à l'instant, si mieux tu ne préfères que j'envoie chercher les gendarmes pour te faire conduire à la prison de Blois, comme un filou que tu es.

— Assez d'insultes, monsieur, car je suis un honnête homme, croyez-le bien, dit fièrement Maurice.

— Alors, prouve-le en payant et lestement encore.

Le jeune homme ne pouvant faire autrement, se mit à fouiller dans sa poche afin d'en retirer cet or qu'il espérait pouvoir rendre intact à celle qui le lui avait donné ; mais combien furent amères sa douleur et sa déception en ne retrouvant pas son petit paquet, après avoir retourné toutes ses poches.

— Monsieur, vous me voyez au désespoir, car cet homme ne s'est pas seulement contenté de me faire votre débiteur mais encore il m'a volé deux cents francs que j'avais sur moi, laquelle somme provenait de la bienfaisance d'une dame qui me les a donné ce matin et à laquelle je comptais les rendre dès mon arrivée au château de Villebelle où je me rendais d'après l'invitation que m'en a faite M. Desrieux, le propriétaire.

— Voilà, certes, un nom fort respectable que celui que vous citez là et qui suffirait seul pour m'inspirer assez de confiance pour vous faire crédit si j'étais certain, mon garçon, que vous me dites la vérité ; mais comme vous vous êtes présenté ici en fort mauvaise compagnie, vu que le charretier Pichu n'est autre qu'un forçat libéré que son maître n'emploie que par charité, vous me permettrez de douter et de vous garder ici jusqu'à demain à l'heure où les gendarmes de la commune auront la faculté de vous conduire au château de Villebelle, afin de vous faire reconnaître et réclamer du maître, telle est ma décision à laquelle vous voudrez bien vous soumettre, à moins que vous n'ayez sur vous quelqu'objet de valeur à me remettre, équivalant au montant de votre écot, ce qui me permettrait de me débarrasser de vous et de vous envoyer pendre où bon vous semblerait.

— On ne pend que les malfaiteurs, monsieur, quant à vous satisfaire cela m'est impossible en ce moment car je ne possède absolument que les misérables vêtements qui couvrent mon corps. Disposez donc de moi comme vous l'entendrez, je me soumets à toute l'humiliation qu'il vous plaît de m'imposer, répondit Maurice avec une fermeté que trahissaient les larmes qui, après avoir débordé ses paupières, tombaient sur sa poitrine comme autant de perles échappées d'un collier.

Le cabaretier, d'une voix de stentor, appela deux grands garçons d'écurie.

— Çà, vous autres, leur dit-il, empoignez-moi ce particulier-là et enfermez-le dans le petit caveau au bois où il dormira si bon lui semble, jusqu'à ce que la gendarmerie que vous allez prévenir ce soir vienne le prendre demain au jour.

Sur ce, les deux valets s'avançaient sur

Maurice pour s'emparer de lui, mais le jeune homme, sans leur donner le temps de le toucher :

— Messieurs, leur dit-il, évitez-vous de me violenter, conduisez-moi, je vous suis.

Une cour à traverser, vingt marches à descendre, et Maurice fut brusquement poussé dans une cave dont la porte fermée sur lui et le laissa dans l'obscurité la plus profonde. Notre héros, après s'être orienté et avoir rencontré sous sa main un amas de broussailles, s'étendit dessus, puis s'accouda et le front dans la main, se laissa aller à ses tristes pensées.

— Oh! mes bienfaiteurs, vous qui me

teniez lieu de père et de mère, vous qui m'aimiez comme si j'étais votre fils, mon bonheur devait-il donc s'éteindre avec votre précieuse existence? A peine le dernier de vous a-t-il fermé les yeux, que le malheur m'accable, que chassé par l'homme auquel vous m'aviez confié, me voilà errant, devenu le jouet, la dupe d'un malfaiteur, d'un ignoble forçat, flétri par son contact au point de n'inspirer ni pitié ni confiance et d'être traité comme un vil scélérat... Hélas! quel triste début et quel sort me réserve l'avenir! ainsi pensait Maurice, pour qui la nuit se passa sans sommeil et dans les affreuses tortures que lui occasionnait la triste position dans laquelle il se trouvait placé.

La cinquième heure du matin venait de tinter lorsqu'un bruit de pas se fit entendre et que la porte de la cave s'ouvrit bruyamment pour donner entrée au cabaretier suivi de deux gendarmes.

— Voilà mon gaillard, empoignez le moi, dit-il.

— Allons, debout! fit un gendarme d'une voix brusque.

Maurice obéit, et voyant un des soldats se disposer à lui mettre les poucettes, il se recula vivement en poussant un cri d'effroi.

— Quoi, dit-il avec indignation, êtes-vous donc convaincu que je suis un malfaiteur pour prétendre m'infliger ce honteux traitement. Est-ce donc un crime si grand que d'être pauvre et de ne pouvoir acquitter une simple somme après avoir été volé par un coquin, pour que vous me traitiez en criminel? Messieurs, je suis un honnête garçon, comme il me sera facile de vous en convaincre, s'il vous plait de me conduire au Breuil d'où je sors, et que j'ai habité depuis ma naissance jusqu'au jour d'hier. Soyez donc assez humain pour m'épargner la honte de paraître en public les mains liées comme celles d'un malfaiteur, ayez confiance dans la soumission d'un homme qui, n'ayant rien à craindre des lois, ne demande qu'à se placer sous votre protection et à vous suivre en tel lieu où il vous plaira de le conduire.

Le ton digne et ferme avec lequel le jeune homme venait de prononcer ces mots, la noble indignation qui se peignait dans ses traits, la beauté de son visage en imposèrent aux gendarmes et les disposèrent favorablement en sa faveur.

— Ah çà! père Locret, êtes-vous bien certain que ce jeune et beau garçon-là soit véritablement le coquin que vous nous avez dépeint?

— Dame, mon bon gendarme, quelle autre opinion puis-je avoir d'un drôle qui, après s'être présenté chez moi en compagnie de Pichu le forçat et avoir bu mon vin, mangé une gibelotte, refuse de me payer, sous le prétexte que son digne compagnon a profité de son sommeil pour lui voler sa bourse, répondit le cabaretier.

— Voyons, jeune homme, contez-nous l'affaire en conscience et la main sur le cœur, dit un gendarme à Maurice, lequel s'empressa de se rendre à cette invitation en racontant son histoire, puis sa rencontre avec M. et mademoiselle Desrieux, celle qu'il avait faite ensuite du charretier et ainsi de suite jusqu'à son emprisonnement dans la cave.

— Jeune homme, nous vous croyons,

mais comme la consigne est plus forte que notre conviction, nous allons vous conduire les mains libres jusqu'au château de Villebelle et là, si le digne M. Desrieux vous reconnaît pour le jeune homme qu'il a obligé et qu'il attend, vous serez libre.

— Fort bien! mais mon argent! s'écria le cupide cabaretier.

— Soyez tranquille, père Locret, nous vous le rapporterons, dit en riant un des militaires.

Ces derniers montèrent à cheval, et Maurice fut autorisé à marcher, non comme un coupable, entre les deux chevaux, mais bien à droite ou à gauche de ses deux gardiens, avec lequels, tout en cheminant il ne cessa de causer amicalement.

II

— Monsieur, un jeune homme qu'amènent deux gendarmes, demande instamment à vous être présenté, il dit se nommer Maurice Dupuis et se présenter ici d'après votre invitation, vint dire un valet à M. Desrieux qui était en train de déjeuner avec sa sœur.

— Avec deux gendarmes! singulière escorte! fit la demoiselle.

— Germain, faites entrer ce jeune homme et les deux militaires qui l'accompagnent, dit vivement M. Desrieux en se levant de table.

— Ah! ah! c'est vous mon jeune ami? Çà, que vous est-il donc arrivé et que signifie cette escorte?

Maurice, que suffoquait l'émotion et ne pouvant retrouver la parole n'eut de force que pour tomber aux genoux de M. Desrieux, puis de prendre ses mains pour les porter à ses lèvres et les mouiller de ses larmes.

— Remettez-vous, mon enfant, et parlez.

— Oui, parlez Maurice, car nous brûlons d'apprendre... fit Flora tout en relevant le jeune homme.

Maurice, rassuré par l'accueil obligeant qu'il recevait, reprit force et courage et se mit à raconter, dans tous ses détails, sa malencontreuse aventure.

— Messieurs, reprit alors M. Desrieux en s'adressant aux gendarmes, je vous certifie que ce jeune garçon est la probité même et digne en tout point de la protection dont je veux l'entourer ; je vous remercie sincèrement des égards que vous avez eu pour lui ; quant à la dette qui lui a occasionné tant de tribulations, je vous prierai de vouloir bien l'acquitter lors de votre retour chez le cabaretier Locret.

En terminant ainsi, M. Desrieux plaçait dans la main de l'un des gendarmes plusieurs pièces d'or enveloppées dans la note du cabaretier.

Enchantés d'une pareille aubaine, les deux militaires se retirèrent en emportant les remerciements et la reconnaissance de Maurice.

— Maintenant, Maurice, à table mon

enfant, et tout en déjeunant, faisons connaissance entière, reprit M. Desrieux en indiquant une place à table entre lui et sa sœur à laquelle Maurice fut s'asseoir d'un air timide et embarrassé.

— Maurice, parlez-vous latin? savez-vous le grec? s'empressa de demander Flora au jeune homme.

— Oui, madame, autant que les courts instants que j'ai passés en pension m'ont permis d'en apprendre, répondit le jeune homme avec modestie.

— Nous verrons votre force, mon ami, en tous cas comptez sur moi pour vous affermir dans ces langues divines qui, au temps jadis, furent celles que daignaient employer les dieux.

— De grâce, ma chère sœur, laissez en paix déjeuner ce cher garçon, ensuite et si cela vous plait, vous serez libre de parler avec lui la langue des dieux.

— Veuillez m'interroger, monsieur, sur ce que vous désirez connaître, et je suis prêt à vous répondre, fit Maurice.

— Maurice, vous ignorez, m'a-t-on dit, à qui vous devez le jour?

— En effet, monsieur, répondit le jeune homme avec tristesse.

— Par qui et comment fûtes-vous confié aux soins des braves gens qui ont pris soin de votre enfance et vous ont aimé comme si vous étiez leur fils? dit Flora.

— Il y a dix-huit ans de ça, c'était par une froide nuit d'hiver, que les époux Dupuis, les chers bienfaiteurs dont je déplore la perte, se disposaient à se mettre au lit après une journée de travail et de fatigue, lorsqu'ils entendirent une voiture s'arrêter devant la porte de la modeste maison qu'ils habitaient au village du Breuil.

Plusieurs coups frappés énergiquement sur leur porte les engagèrent à l'ouvrir pour donner entrée à un personnage enveloppé dans un grand manteau noir, dont les traits, la tournure annonçaient un homme du monde.

Cet inconnu, à peine entré dans la maison, sortit de dessous son manteau une corbeille d'osier dans laquelle sommeillait un enfant dont la naissance remontait à quelques heures au plus; cet enfant c'était moi, et tandis que la bonne Dupuis, aussi surprise de l'événement qu'enchantée de ma gentillesse s'empressait de m'admirer.

— Vous êtes bien les époux Dupuis dont on vante dans ce pays la bonté du cœur et les excellentes mœurs, dit l'inconnu.

— Oui, monsieur, c'est nous qui avons

nom Dupuis; mais que pouvons-nous pour votre service? s'informa l'excellent homme de cet accent de bonté que j'aimais tant à entendre, de cet accent chéri, duquel le son bien-aimé, tant que dura mon enfance, avait la vertu de calmer mes douleurs, de tarir mes larmes et de les remplacer par le sourire. Ainsi disait Maurice en retenant à grand peine les larmes qui roulaient en ce moment dans ses yeux.

— Eh bien! monsieur Dupuis, je vous apporte cet enfant que je confie à vos soins, à ceux de votre femme.

— Mais monsieur, à qui appartient ce petit être? demanda le brave homme.

— Je ne puis vous en instruire ; qu'il vous suffise de savoir que sa mère ne peut le garder auprès d'elle, ni avouer sa naissance sans encourir le plus grand danger ; devenez donc sa famille, ses protecteurs, et acceptez pour vos soins ce portefeuille qui contient cinq mille francs, avec l'assurance que chaque année il vous sera adressé la même somme, disait l'étranger en déposant ledit portefeuille sur une table.

— Mon Dieu, monsieur, ce n'est pas l'intérêt qui peut nous décider à remplir la mission dont vous daignez vouloir nous honorer, mais nous sommes déjà vieux, mon mari et moi...

— Madame Dupuis, si vous refusez de

servir de mère à cet enfant, je dois vous prévenir qu'il ne nous reste autre moyen que de le confier à la charité publique en le plaçant à l'hospice des enfants-trouvés, reprit l'étranger.

— O ciel! perdre ce pauvre petit, et cela par ma faute! mais le bon Dieu ne me le pardonnerait jamais! s'écria la brave dame toute effrayée et en courant me prendre dans mon berceau pour me presser sur son sein et me couvrir de ses baisers.

— Ainsi, vous acceptez?

— Hélas! il le faut bien, fit Dupuis;

mais ne viendrez-vous pas un jour réclamer ce cher dépôt, surtout avant celui marqué là-haut pour notre mort? Songez, monsieur, que j'ai soixante-quatre ans, que ma bonne femme en compte soixante et que nous n'avons plus guère de temps à vivre.

— Assez, mon cher monsieur Dupuis, pour faire un homme de ce bambin. Faites-donc, et le jour où il sera permis à sa mère de venir vous le réclamer, comptez sur une récompense digne du service que vous lui aurez rendu.

— Mais monsieur, à qui devrons-nous nous adresser pour donner des nouvelles de cet enfant? s'informa la dame Dupuis.

— Ne vous donnez jamais cette peine, ma chère dame, car c'est moi-même qui viendrai en chercher auprès de vous. A propos ! je dois vous prévenir que l'enfant est de très-bonne maison et qu'il se nomme Maurice ; à votre exemple, monsieur Dupuis, faites de ce petit être un honnête homme et sa mère vous bénira.

— Mais comment se fait-il, monsieur, qu'une mère consente ainsi à se priver de son enfant ? interrogea madame Dupuis fort intriguée.

— Je ne puis vous l'expliquer, madame, qu'il vous suffise de savoir que celle qui a donné hier le jour à cet enfant possède toutes les qualités d'une excellente mère, qu'elle adore son fils et ne s'en sépare que le cœur déchiré de douleur et de regret, mais que d'impérieuses raisons lui font une loi de ce cruel sacrifice d'où dépendent son repos et sa haute position dans le monde. Maintenant, mes chers amis que je vous ai dit tout ce qu'il m'est permis de dire, je vous fais mes adieux en vous disant au revoir.

Ces dernières paroles prononcées, l'étranger s'éloigna vivement pour regagner sa voiture et disparaître pour toujours.

— Pour toujours! fit Flora surprise. Quoi! cet homme ne revint-il plus, malgré la promesse qu'il avait faite?

— Il ne revint jamais, mademoiselle, et

n'envoya même pas l'argent qu'il avait promis, ce qui n'empêcha pas mes chers amis, mes parents d'adoption de m'élever avec soin, de m'aimer comme si j'étais leur propre enfant, et pourtant ils n'étaient pas riches ces bien-aimés de mon cœur; ils ne vivaient que d'un faible revenu acquis à force de travail et d'économie.

Aussi lorsque j'eus atteint cet âge où l'on commence à comprendre, à sentir, combien j'avais hâte de devenir homme, afin de pouvoir, par un travail incessant, rendre au centuple à mes vieux et respectables bienfaiteurs, tout le bien que je recevais d'eux! Mais, hélas! en les enlevant pour les placer au ciel, le bon Dieu m'a privé de cette pieuse et sainte consolation, termina Maurice en sanglotant.

— Consolez-vous, mon ami, car Dieu, qui a eu pitié de vous, a placé ma sœur et moi sur votre chemin, afin de vous rendre la famille qu'il vous a enlevée. Maurice, dès ce jour, notre maison devient la vôtre. Efforcez-vous de mériter notre estime par une bonne conduite et nous ne vous abandonnerons jamais, fit monsieur Desrieux, en présentant au jeune homme une main amicale que ce dernier s'empressa de saisir avec reconnaissance pour la porter à ses lèvres en s'écriant :

— Merci, mille fois merci, monsieur, du précieux et honorable intérêt que vous daignez me témoigner, mais vous me permettrez de vous faire observer que maintenant j'ai atteint un âge où il serait honteux, indigne de ma part de vivre dans l'inaction, d'abuser de votre bienfaisance, lorsque par un travail honorable, je puis gagner l'argent nécessaire à mes besoins. Puisque je suis assez heureux pour vous inspirer un intérêt que j'espère légitimer, la seule chose que j'ambitionne de votre pitié, monsieur, est que votre précieuse protection m'aide à trouver un emploi honorable, et la permission de venir quelquefois vous assurer de mon respect et de ma vive reconnaissance.

— Un emploi, dites-vous, mon enfant? mais c'est bien ainsi que je l'entends, moi que le travail a enrichi, moi qui déteste l'oisiveté et les oisifs. Aussi mon intention est-elle de vous offrir ici l'emploi de régisseur des terres et forêts que je possède dans ce pays, et par surcroît, de vous instituer mon secrétaire particulier, deux fonctions qui, je vous le promets, ne manqueront pas de vous donner de la besogne; cela vous convient-il? Allons, répondez, dit en riant M. Desrieux.

— Oh! beaucoup, beaucoup! monsieur, mais à la condition que vous daignerez me guider de vos sages conseils et de me pardonner les erreurs que pourrait me faire commettre mon inexpérience en fait d'affaires sérieuses, fit gaîment Maurice.

— Je me charge, en peu de temps, de faire de vous un parfait régisseur.

— Et moi, Maurice, de vous perfectionner dans les langues grecques et latines, afin que nous puissions travailler ensemble à la traduction des auteurs anciens, dit Flora.

— Vous trouverez en moi, mademoiselle, un élève aussi soumis que reconnaissant, fit Maurice en s'inclinant.

— Et moi, chère sœur, si j'ai un conseil à te donner, c'est celui de ne pas trop ennuyer ce pauvre Maurice en essayant de lui barbouiller la cervelle de ton galimatias grec et latin, à moins que ton intention ne soit d'en faire un prêtre, un médecin ou un apothicaire.

— Je veux en faire un savant, mon cher frère.

— Est-ce bien nécessaire pour faire fortune? quant à moi, je n'ai jamais eu d'autre science que celle de savoir lire, écrire et compter, et cela m'a suffi pour gagner cent mille livres de rente, plus à m'entretenir le teint frais et l'esprit joyeux, tandis que toi, qui passes ta vie à déchiffrer d'abominables bouquins, tu t'es vieillie avant l'âge en altérant ta santé; or ceci étant un exemple, je ne puis trop t'engager à laisser en paix monsieur mon régisseur, courir et inspecter mes champs et mes bois, ainsi que l'exige sa mission et non de le condamner à pâlir sur tes grimoires, pour attraper une science dont il peut fort bien se passer pour s'enrichir.

— Mon cher frère, vous raisonnez comme un être complètement illettré, je suis désolée de vous le dire, mais telle est mon opinion, répliqua la demoiselle d'un ton piqué.

Un valet, en venant annoncer une visite, interrompit cette petite altercation entre le frère et la sœur.

III

Sur l'heure de midi, un petit monsieur d'une trentaine d'années, à la chevelure blonde, au visage vermeil et un peu pourpre, sautait lestement en bas de son tilbury, après avoir jeté les guides à son groom, jeune garçon de quinze ans à peine. Ce monsieur, après avoir mis pied à terre, pénétra tout en sautillant le plus grâcieusement possible, dans la somptueuse maison située rue Saint-Lazare, devant laquelle il venait d'arrêter son léger véhicule.

— Madame de Melvale est-elle visible au logis, que vous sachiez, mon cher, s'informa-t-il au concierge.

— Madame est chez elle, monsieur.

Et sur cette réponse du cerbère, M. Gabriel Chamberlin, ainsi s'appelait ce visiteur, s'élança sur l'escalier et, parvenu au premier étage, il pénétra dans une vaste antichambre, où il se trouva en présence d'un valet.

— Pierre, annoncez-moi à votre maîtresse, dit-il, tout en se plaçant devant une glace afin d'y passer l'inspection de sa toilette et de ramener à leurs places quelques boucles vagabondes de sa chevelure bouclée et parfumée.

— Madame attend monsieur au salon, revint dire le valet.

A ces mots, M. Gabriel Chamberlin se dirigea vers le salon, où il se trouva en présence de madame Clara de Melvale, jeune et très-jolie veuve qui, sans se déranger du métier sur lequel elle brodait, accueillit le visiteur avec un sourire amical, tout en lui indiquant un siège placé près du sien.

— Je croyais, mon cher monsieur Chamberlin, vous avoir mis aux arrêts pour quinze jours, en vous interdisant la permission de vous présenter chez moi, dit la jeune dame.

— En effet, délicieuse dame, vous avez eu cette cruauté et cela pour me punir de ce que je vous trouve charmante, que je vous adore et que j'ai osé vous le dire.

— En effet, voilà en quoi consiste le délit, et je me rappelle encore que ce n'est pas plus tard qu'avant-hier, que je vous ai infligé quinze jours de punition et que, ne tenant nul compte de ma volonté, vous osez vous présenter aujourd'hui.

— Cela provient sans doute, adorable Clara, que la journée d'hier, que j'ai passée sans vous admirer, m'a paru un siècle.

— Je vous pardonne cette infraction, mon cher, mais à la condition, que vous m'entretiendrez de tout autre chose que de votre ennuyeuse passion.

— Cela m'est bien difficile, madame !

— Çà, Chamberlin, pourquoi tant d'obstination à me tourmenter quand je vous ai dit et répété cent fois que je ne vous aime pas, que je ne vous aimerai jamais et que, mon premier mari dont j'ai eu fort à me plaindre, m'a tout à fait guéri de l'envie de me remarier?

— De ma part, madame, il s'agit de vaincre cette dernière résolution, qui sera l'œuvre de l'amour que j'espère vous inspirer un jour à force de soins et d'adoration.

— Vous, m'inspirer de l'amour! oh, n'y comptez pas, mon pauvre Chamberlin.

— Mais enfin, madame, pourquoi ne m'aimeriez-vous pas? fit Gabriel avec impatience.

— Damé ! parce que, parce que...

— Parce que, quoi ?

— Parce que vous m'aimerez peut-être trop ! Enfin, monsieur ! s'il faut, pour vous faire comprendre, mettre les points sur les *i*, parce que je vous trouve trop fat et trop ridicule pour inspirer de l'amour.

— Merci du compliment, fit Chamberlin en se pinçant les lèvres.

— Consolez-vous, mon cher ; car en revanche je vous trouve un garçon aussi aimable que serviable quand cela vous plaît, et à ce titre, mon amitié vous est acquise.

— Clara, vous me faites mourir de chagrin.

— Allons donc, je trouve au contraire que vous prenez de jour en jour plus d'embonpoint, ce qui est fort ridicule de votre part... Chamberlin, il faut vous livrer mon cher, à l'exercice du cheval.

— Très-volontiers, si vous daignez devenir mon maître dans l'art hippique, vous qui savez manier un coursier avec autant de grâce que d'adresse.

— Mon cher, il existe à Paris d'excellents professeurs qui ne demanderont pas mieux que de vous démontrer cet art et de faire de vous un bon et grâcieux cavalier.

— Allons, je le vois ; c'est chez vous un parti pris de me refuser jusqu'à la plus légère faveur.

— Demandez ce qui est honnête, vraisemblable, en mon pouvoir d'accorder, et vous n'aurez qu'à vous louer de ma docilité. A propos ! avec vos fadeurs et vos soupirs, vous me faites oublier de vous apprendre une grande nouvelle qui, pour mon compte, m'a rempli de joie.

— Qu'est-ce donc, charmante dame ?

— Sachez, Chamberlin, que ce matin

j'ai reçu une lettre de M. Desrieux, mon bien-aimé et ex-tuteur, dans laquelle il m'a fait part de son retour d'Italie, où il vient de passer une année entière, pour cause de santé ; mais ce qui me réjouit encore plus, c'est que le cher ami nous revient en parfaite santé... Chamberlin, M. Desrieux est un ancien ami de feu votre père, et en cette qualité je pense que vous ne pouvez vous dispenser d'aller lui faire une visite à son château de Blois, où je me rends ce soir, tant j'ai hâte d'embrasser ce digne homme et son excellente sœur.

— Ah ! oui, cette pédante qui parle sans cesse de son latin et de son grec ; société fort maussade en vérité, mais n'importe !

vous partez ce soir et je vous accompagne.

— Mon cher Chamberlin, je refuse votre compagnie.

— Toujours impitoyable! soupira Gabriel.

— Et ma réputation, vous n'y pensez donc pas? Que dirait-on à Blois, en m'y voyant débarquer, moi femme de vingt ans, avec un homme de votre âge? Chamberlin, je pars ce soir et je vous défends d'arriver au château de Villebelle avant huit jours, telle est ma volonté ou du moins la prière que vous adresse mon amitié, dit Clara en souriant.

— Huit jours sans vous voir! souffla Chamberlin avec désolation.

— Quel grand malheur! fit Clara d'un ton tragi-comique, puis reprenant d'un ton sérieux : Il paraît qu'à son retour, mon tuteur a été ravi de retrouver ses propriétés dans un état parfait de prospérité et ses revenus augmentés d'un tiers, grâce à l'excellente gestion, à l'économie du nouveau régisseur auquel il les avait confiés en partant.

— Un régisseur honnête! comme si cela s'est jamais vu! Mais alors, ce serait une merveille inconnue jusqu'alors ; le lot de cent mille francs avec lequel les faiseurs de loteries amorcent les jobards, un miracle enfin! Croyez bien, ma chère Clara, que celui-ci n'aura pas été plus niais que les autres et qu'il aura fort bien su profiter de l'absence du maître pour se faire sa bonne part.

— Chamberlin, vous avez une vilaine manie qui est de ne pas croire à la probité et de vous méfier de chacun. Sachez que ce régisseur que je ne connais pas, que je n'ai jamais vu, est, de l'avis de tout le monde, un fort honnête jeune homme, très-attaché à mon tuteur, qui lui a tendu une main charitable lorsqu'il était dans le malheur, et qui fait tous ses efforts pour contenter son bienfaiteur et lui prouver sa reconnaissance.

— Qui donc, chère dame, vous a si bien instruite des hautes qualités de ce phénix de serviteur, vous qui depuis plus d'un an n'avez mis les pieds au château de votre ex-tuteur? interrogea curieusement Gabriel.

— Les jardiniers de Villebelle, en m'apportant chaque mois à Paris, d'après l'ordre que leur a donné mon tuteur, les plus belles fleurs et les plus beaux fruits des parterres et des vergers du château. Or maintenant, mon cher adorateur, que nous avons bien caqueté, que j'ai attentivement prêté l'oreille à vos douceureuses paroles, ainsi qu'à vos douloureux soupirs, rendez-moi le service de me laisser libre, car il est deux heures, j'ai ma toilette à faire, des ordres à donner à mes gens, et je monte à quatre en wagon.

— Cette prière étant un ordre pour moi, madame, j'obéis et vous quitte à regret en vous disant : A bientôt !

Chamberlin soupira ces derniers mots, en les accompagnant d'un tendre regard, puis après avoir déposé un baiser respectueux sur la main blanche et mignonne de madame de Melvale, il s'éloigna pour remonter dans son tilbury et cingler vers la rue d'Anjou-Saint-Honoré, où il occupait un vaste appartement situé au rez-de-chaussée et de plein pied, avec un très-beau jardin.

Gabriel Chamberlin, fils d'un ancien associé et ami de M. Desrieux, possédait une vingtaine de mille francs de rente que lui avait gagné feu son père, dans le commerce de la grosse quincaillerie. Chamberlin devenu orphelin, puis majeur, et pouvant disposer de sa fortune à son gré, menait depuis dix ans, la vie libre et joyeuse de garçon, grand amateur de femmes et de plaisir. Devenu subitement amoureux de Clara de Melvale, qu'il avait rencontrée plusieurs fois chez M. Desrieux, le cher garçon s'était aussitôt dit qu'une pareille veuve, jeune, jolie et surtout très-riche, était la femme qui lui convenait, la seule enfin à laquelle il consentirait de faire le sacrifice de sa chère et douce indépendance.

Chamberlin que dame nature, à défaut d'un physique agréable, avait doué d'une excessive dose d'amour-propre, s'était facilement persuadé que la conquête de la jolie veuve serait chose facile pour lui, et, à l'exemple d'Alexandre le Grand, il n'aurait qu'à se montrer pour conquérir. Malheureusement il n'en avait point été ainsi, car Clara de Melvale, le jour qu'il lui avait adressé sa déclaration d'amour, avait été assez audacieuse pour lui rire au nez et repousser son hommage en ajoutant que : n'ayant pas trouvé dans son union avec M. de Melvale tout le bonheur et la sympathie qu'elle en attendait, elle était trop prudente, trop amoureuse de son repos et de cette liberté que lui avait rendu le veuvage, pour se donner un nouveau maître.

— Bah! caprice de femme que fera taire la voix du cœur, le jour où j'aurai su me faire adorer d'elle, s'était dit Gabriel Chamberlin, après le refus de Clara et tout en s'admirant dans une glace; c'est que le cher garçon se trouvait tellement beau qu'il pensait fermement qu'aucune femme ne pouvait lui résister longtemps et qu'en joignant, au charme de son physique, toute l'artillerie de son éloquence, il deviendrait, tôt ou tard, l'heureux vainqueur de Clara.

— Charlot, est-il venu quelqu'un durant mon absence? demanda en rentrant chez lui Chamberlin à son valet de chambre, tout en ôtant ses gants, et après s'être jeté paresseusement sur un canapé.

— Oui, monsieur, votre tailleur, votre bottier d'abord.

— Passons, ces gens-là ne sont personne, après?...

— Mademoiselle Rosita des Délassements-Comiques.

— Que me voulait cette drôlesse? me soutirer de nouveau quelques napoléons?

— Non, monsieur, mais vous signifier, parlant à votre personne, qu'ayant laissé pincer son cœur par une passion sérieuse, vous n'ayez plus à compter sur elle.

— Voilà qui est plaisant de la part de cette fille, avec laquelle je suis enchanté de rompre à cause de madame de Melvale; qu'en penses-tu, Charlot ?

— Que monsieur a fortement raison, d'autant mieux qu'une pareille liaison, si elle était venue à se découvrir, pouvait lui nuire dans l'esprit de cette belle dame.

— Charlot, si cette Rosita revient, tu lui diras que je suis à la campagne pour le reste de la belle saison.

Fort bien, monsieur, mais voudra-t-elle me croire !

— Qu'elle te croie ou non, tu la flanqueras à la porte.

— Ce sera fort difficile, monsieur, car mademoiselle Rosita est une gaillarde qui ne lâche pas prise facilement ; elle prétend que pour la séduire, vous lui avez promis de lui faire des rentes et elle veut absolument, dit-elle, que vous teniez cette promesse.

— Des rentes ! voilà qui est fort ! mais si j'avais été forcé de faire des rentes à toutes les femmes que j'ai séduites, aujourd'hui je serais ruiné complètement... Est-ce tout ce qui est venu ?

— Il y a encore mademoiselle Babiolle, votre chemisière.

— Ah ! oui, une jeune et jolie fille ; que me voulait-elle ?

— S'informer si monsieur n'aurait pas besoin de chemises, cols ou autres articles de lingerie.

— Certainement qu'il me faut de tout cela, et vivement encore !... Une figure de vierge, des cheveux admirables, des dents, que dis-je, des dents ! des perles précieuses. Charlot, a-t-elle dit quand elle reviendrait ?

— Non, monsieur.

— Cependant il me faut des chemises ; je ne puis m'en passer.

— Monsieur oublie sans doute qu'il en possède douze douzaines dans son armoire?

— En effet, mais elles ne me vont plus, et j'en veux qui soient à la dernière mode.

— Si monsieur le permet, j'irai lui en commander chez mademoiselle Babiolle.

— Non, j'irai moi-même demain, aujourd'hui, tout de suite même, car je veux moi-même choisir un modèle, presser cette petite, vu que ces chemises me sont indispensables pour le voyage que je vais faire.

— Comment, monsieur, nous allons voyager ?

— Jusqu'à Blois, Charlot, au château de Villebelle, où madame de Melvale m'a donné rendez-vous.

— Rendez-vous! Diable, mais cela est d'un bon augure et me prouve que monsieur commence à être au mieux avec cette riche et belle dame.

— Mais oui, mais oui, Charlot; je compte même sous peu te présenter en elle la maîtresse de céans, dit Gabriel avec fatuité.

— Ma foi, monsieur, convenez que vous

êtes un heureux mortel; après avoir été adoré par une foule de charmantes maîtresses, vous couronnez l'œuvre en prenant pour femme une veuve d'une grande beauté, remplie d'excellentes qualités, et, qui plus est, riche comme une princesse.

— Oui, j'en conviens, Charlot, j'ai de la chance, je suis l'enfant du bonheur.

— Monsieur le mérite bien, il est si bon! si généreux!

— Assez, assez, flatteur, fit Chamberlin; aurais-tu par hasard quelque chose à me demander?

— Rien, absolument rien, mon cher

maître ; seulement, lorsque monsieur passera l'inspection de sa garde-robe, s'il lui plaisait de me faire cadeau de la redingote noire et du pantalon qu'il ne met plus depuis un mois...

— Mais, maraud, ces objets sont entièrement neufs.

— J'en conviens, mon cher maître, mais je m'en accommoderais tout de même.

— Prends-les donc, drôle !

— Merci, monsieur, car cet habit avec lequel vous avez fait la conquête de maintes jolies femmes me portera sans doute bonheur dans mes amours.

— Ah! ah! tu es donc aussi un Lovelace, un Faublas, toi?

— D'antichambre, quelque peu, mon cher maître, répondit le valet.

Une heure après cet entretien, Chamberlin se rendait de son pied léger dans la rue Saint-Nicolas d'Antin, où il montait un cinquième étage pour se rendre chez mademoiselle Babiolle, la chemisière, très-jolie brunette de vingt ans qui, en voyant entrer dans sa chambrette le visiteur, quitta son ouvrage pour venir à sa rencontre.

— Comment, monsieur Chamberlin, vous daignez venir chez une pauvre ouvrière? que de bonté! fit la jeune fille avec un sourire où perçait un tant soit peu de malice.

— Oui, chère et adorable Babiolle, je daigne venir visiter un ange dans son paradis, fit Chamberlin en prenant familièrement la main de l'ouvrière, puis ensuite la taille.

— Pour lui donner du travail, sans doute?

— Certes! et un baiser

— Allons, soyez sage, car vous savez que je suis une honnête et pauvre fille.

— Pauvre, vous! lorsqu'il suffirait de

quelques mots de votre bouche charmante pour couvrir vos épaules d'un cachemire et changer cette mansarde en un coquet boudoir.

— Quels sont donc ces mots magiques? Apprenez-les moi vite afin que je puisse les prononcer, dit la jeune fille.

— Je vous aime et je cède à vos désirs. Voilà.

— Hum! ce sont de terribles paroles que je n'oserai jamais prononcer, dit Babiolle.

— Rien de plus facile, cependant ; essayez.

— Donnez-moi jusqu'à demain pour les étudier, c'est bien le moins.

— Jusqu'à demain, soit; je reviendrai donc pour les entendre.

— Revenez, et si je me sens assez forte pour les prononcer, vous serez satisfait.

— Babiolle, voulez-vous que je vous apprenne à les prononcer? dit Chamberlin en essayant d'attirer la jeune fille sur ses genoux.

— Non pas! je préfère étudier seule, fit Babiolle en reculant, mais que Chamberlin poursuivit pour lui prendre un baiser, puis deux, puis trois.

Quand l'amoureux fut parti, la lingère, en souriant, s'empressa de prendre le billet de banque de cinq cents francs que Chamberlin avait oublié sur la table, et de l'examiner avec joie.

— Allons, le pigeon a mordu ; encore quelques visites à ce prix, et je crois que Charlot, mon amoureux, sera content de moi. Je commence à croire qu'il a raison quand il me dit, ce cher ami, que pour amasser vitement sa dot, il ne faut pas qu'une fille soit par trop sauvage, et que la fortune des sots est le patrimoine des gens d'esprit.

Ainsi murmura Babiolle en serrant précieusement le billet de banque dans sa commode.

IV

Ainsi que nous venons de l'apprendre dans le précédent chapitre, et de la jolie bouche de madame de Melvale, il était vrai que l'état de la santé de M. Desrieux lui avait imposé un long séjour sous le ciel de l'Italie; enfin, de par ordre de la faculté, cet excellent homme, non sans en ressentir un vif regret, s'était vu dans la nécessité de rompre avec ses habitudes sédentaires, paisibles, et de s'éloigner de sa demeure trois mois après qu'il y eut recueilli Maurice.

Emmener avec lui son jeune protégé avait été sa première pensée, ainsi que celle de mademoiselle Flora sa sœur; mais alors, qui donc aurait veillé à ses intérêts sur les vastes propriétés qu'il possédait dans le pays, lorsque, quelques mois auparavant, il avait été forcé de congédier le gérant dans lequel il avait placé toute sa confiance, et qui, depuis dix ans, le volait audacieusement?

Quoiqu'à ce moment Maurice terminait à peine sa dix-neuvième année, le peu de temps qui s'était écoulé depuis qu'il habitait le château, avait plus que suffi à M. Desrieux pour apprécier les excellentes qualités du jeune homme, et reconnaître en lui un esprit sérieux, probe, intelligent et surtout un cœur dévoué et reconnaissant; aussi, cet homme juste autant que bienfaisant, s'était de plus en plus attaché à Maurice, qu'il traitait comme s'il eût été son fils, auquel il avait accordé sa confiance entière. Durant ces trois mois passés chez son bienfaiteur, Maurice, dont le cœur noble et courageux brûlait du désir de témoigner sa reconnaissance aux amis généreux qui, non contents de l'avoir sorti de l'indigence, le traitaient encore comme leur égal, et, désireux de s'acquitter envers eux autant que possible, s'était-il empressé de se mettre au courant de l'emploi et des devoirs d'un régisseur ; puis, après l'étude, d'exercer son corps, resté jusqu'alors inactif entre les murs d'une école, à la marche, ainsi qu'aux exercices du cheval, afin de parcourir les champs, les plaines, les bois, de prendre connaissance du vaste domaine de Villebelle et des travaux dont il allait avoir la direction. Témoins de cette activité, émerveillés du zèle et de l'intelligence que déployait Maurice, M. Desrieux et sa sœur, qui comptaient ne s'éloigner que pour une saison, six mois au plus, confièrent sans hésiter tous leurs droits à Maurice, et s'éloignèrent tranquilles, après l'avoir embrassé et s'être efforcés, par des paroles amicales et leurs caresses, d'adoucir le chagrin et d'essuyer les larmes que lui occasionnait cette douloureuse séparation.

Les premiers jours parurent être autant de siècles pour le cher garçon qui, après avoir pleuré et gémi tout à son aise en promenant son chagrin d'une place à l'autre, dans la riche et vaste solitude du château et du parc, se réveilla un beau matin en s'écriant :

— Suis-je donc encore un enfant, pour pleurer et me décourager ainsi, pour oublier dans la douleur que m'occasionne l'absence de ces chers bienfaiteurs, qu'ils m'ont confié leurs intérêts et leurs droits ? Allons, Maurice, sois homme, travaille! fais en sorte qu'à leur retour, lorsque tu tomberas dans leurs bras, tes nobles amis soient contents de toi.

Cette résolution ayant été prise, Maurice se mit à l'œuvre en s'aidant des bons conseils et de l'expérience des fermiers du canton, car il avait immensément à faire pour réparer les fautes occasionnées par la négligence du gérant infidèle auquel il succédait ; c'est-à-dire des chemins défoncés à rétablir, afin de faciliter les communications dans les fermes, des parties de bâtiments qui menaçaient ruine à faire reconstruire, de grandes parties de terre depuis longtemps laissées en friche à remettre en culture, de nombreuses parcelles de terrain à réclamer aux propriétaires des champs mitoyens, lesquels, en empiétant chaque année d'un sillon sur les terres de M. Desrieux, avaient fini par largement agrandir leur propriété à ses dépens.

En adressant une réclamation à l'un, une menace à l'autre, en faisant un petit procès aux plus récalcitrants, en moins de trois mois, Maurice était parvenu à faire restituer à son bienfaiteur près d'une trentaine d'arpents de bonne terre, qu'il s'était empressé de donner en location.

Depuis neuf mois Maurice se livrait avec une activité infatigable à ces utiles travaux, lorsqu'un jour il fut forcé de se rendre à Chambord, où l'appelaient divers ouvrages qu'il faisait exécuter dans une petite ferme appartenant à son bienfaiteur. La journée était fort avancée, car la quatrième heure du soir sonnait au grand château lorsque notre jeune homme, venu à cheval, mettait pied à terre dans la cour de la ferme, où s'empressaient de l'accueillir le fermier et la fermière.

— Jarni, nous vous attendions avec impatience, not' jeune maître et si vous trouvez par malheur le dîner tant soit peu ratatiné, malgré tout le soin qu'en a pris not'e ménagère, il ne faudra vous en prendre qu'à vous, dit le fermier Lamoureux, vieillard à la mine réjouie et ouverte, en pressant dans ses mains durcies par le travail, celles du jeune régisseur.

— Monsieur Lamoureux, tel qu'il soit, votre dîner offert de bon cœur et accepté de même, il me semblera toujours bon ! répondit Maurice.

— C'est pas pour vous flatter que nous disons ça, mais vous n'avez que des choses polies à répondre même au plus pauvre; aussi êtes-vous estimé et respecté dans tout le canton au point que chacun se mettrait dans le feu pour vous, mon bon monsieur Maurice, reprit le fermier.

— Merci de ces bonnes paroles, mon cher Lamoureux ; et comme le devoir doit passer le premier, avant de nous mettre à table, commençons par aller ensemble examiner les travaux qu'on exécute à votre grange.

— Rien de plus juste! fit le fermier.

— Un instant! avant que vous vous éloigniez, monsieur Maurice, j'voulais vous demander la permission d'vous présenter notre fille Rose qui, pour nous voir, est arrivée ce matin tout exprès de Paris, où elle exerce l'état de modiste dans un magasin du boulevard du Temple, dit la fermière.

— Ce sera avec autant de plaisir que de respect que je saluerai mademoiselle votre fille, madame Lamoureux ! répondit Maurice pour s'éloigner aussitôt avec le fermier.

Quant à la fermière, enchantée de l'agréable réponse que venait de lui faire le jeune homme, elle s'empressa de rentrer à la ferme, où elle monta un étage et entra dans une chambre dans laquelle une jeune fille, ou, pour mieux dire, mademoiselle Rose Lamoureux était assise auprès d'une fenêtre, située sur la cour et entrain de chiffonner un petit bonnet coquet dont elle voulait se parer au dîner, en l'honneur de M. le régisseur.

Rose était une belle fille de dix-neuf

ans, avantagée d'une abondante chevelure d'un noir d'ébène, d'un visage aussi joli que mutin, orné de deux grands yeux, hardis et spirituels, puis d'une bouche qui, sans cesse souriante, laissait entrevoir deux rangées de dents d'une blancheur éclatante; et tous ceux qui admiraient cette figure charmante, qu'animait sans cesse une expression joyeuse et insouciante, s'étonnaient de ne pas y rencontrer cette fraîcheur virginale qui est l'apanage de la jeunesse et de la beauté.

— Mère, voilà mon bonnet terminé; tu arrives à temps pour me dire s'il me va bien, disait Rose en se coiffant et en se regardant dans une petite glace placée sur ses genoux.

— Jarni, avec toutes ces petites fanfeurluches de rubans et de fleurs, t'es gentille à croquer... Décidément il n'y a que Paris pour donner du goût aux fillettes, s'écriait la fermière tout en admirant sa fille.

— Avec un peu de ce rouge sur les joues afin de donner plus d'animation à mon teint, je crois fermement que je ferai la conquête de votre convive, chère mère.

— Comment! tu te barbouilles avec çà, fillette? V'là qu'est joliment drôle, par exemple! disait la dame Lamoureux en regardant sa fille se placer son rouge à l'aide d'un petit tampon de coton.

— Toutes les femmes de Paris se servent de cela, chère mère; c'est de rigueur, de première nécessité, c'est chique.

— Chique! quoi que çà veux dire ce mot là?

— Cela signifie bon genre.

— Ah! ma fine, t'as raison fillette, ça ne va pas mal, ça te rend tant soit peu rougeotte et tout à fait gentille comme tu dis, tu vas ben sûr donner dans l'œil de not' jeune régisseur.

— Le bel avantage, ma foi, de faire la conquête d'un lourdeau de campagne;

qu'est-ce que cela pour moi, habituée à voir tous les jours dans le magasin de modes où je travaille, une foule de jeunes hommes à la mode.

— Qui sans doute te content fleurette?

— Certes, mère, mais que je n'écoute pas, vu que je suis d'une vertu numéro 1.

— Et que tu fais bien, fillette... Va, reste sage et nous te trouverons, dans le canton, quelque beau garçon bien calé, avec lequel nous te marierons.

— Un gaillard ficelé sans doute dans le genre de votre convive d'aujourd'hui? fit en riant Rose.

— Jarni ! ne fais pas tant la dégoûtée : apprends que M. Maurice n'est ni plus ni moins que la coqueluche des jeunes filles du canton qui, toutes lui font les yeux doux. Un garçon superbe, aimé de not' maître, M. Desrieux, ni plus ni moins que s'il était son fils, et qui un jour pourra bien hériter de sa fortune.

— Oh! mais alors, j'avais tort de mécaniser ce jeune homme, et du moment qu'il est en pied au château, dans la faveur du maître et son héritier futur, je reviens sur son compte et vous promets, chère mère, d'être mirobolante de politesse et de gentillesse envers lui.

— Et tu feras joliment bien, Rose,

d'autant mieux que notre bail s'avance et qu'il dépend de M. Maurice de nous le renouveler au même prix que je le tenons aujourd'hui.

— Méfiez-vous, mère, vu que par le temps qui court, lorsque le pain d'un pauvre marchand, du travailleur en général, dépend d'un propriétaire, c'est la ruine, la misère et la faim qui les menacent.

— Bah! bah! il y a propriétaire et propriétaire; Dieu merci le nôtre est la bienfaisance même, tu le sais bien d'ailleurs, car il t'a assez caressé lorsque tu étais petite et assez fait de jolis cadeaux pour que tu te souviennes de lui. Eh bien! Rose, le régisseur vaut le maître, .

— Alors, je leur vote une couronne, et après leur mort un piédestal, vu la rareté de l'espèce.

— Rose, cette façon moqueuse dont tu parles des honnêtes gens, de ceux qui ont mis ton père et ta mère à même de vivre heureux et honorablement m'afflige beaucoup. Enfant, est-ce qu'à Paris on oublie le respect et la reconnaissance qu'on doit à ses bienfaiteurs ? S'il en était ainsi, ma fille, je regretterais beaucoup d'avoir cédé à ton désir en t'y envoyant, dit la fermière d'un ton peiné.

— Ma mère, je n'ai rien oublié, tranquillisez-vous, et la preuve est que pour faire bonne réception au favori du bon

M. Desrieux, je vous propose d'aller ensemble à sa rencontre, dit Clara d'un air aimable et en embrassant sa mère.

— A la bonne heure, je t'aime mieux comme cela, câline, que lorsque tu prends tes allures parisiennes. Oh ! décidément c'est un mauvais nid pour une jeune fille que cette grande ville, et une grande imprudence d'y envoyer ses enfants, reprit dame Lamoureux en passant son bras sous celui de Clara pour quitter la chambre avec elle.

— Erreur, mère, beaucoup trop propagée malheureusement dans les provinces et les campagnes, car il y a à Paris beaucoup de filles honnêtes et laborieuses qui veillent sur leur honneur, ferment leurs oreilles à la séduction, et qui ne se laissent éblouir ni par de mensongères promesses ni par l'appât de l'or et de la parure. Heureuses celles qui sont ainsi, qui ont eu la force de se garantir de ce bourbier qu'on appelle le vice, dans lequel une fois qu'une pauvre fille a mis imprudemment le pied, il ne lui est plus possible de s'en retirer.

— Ça, je le crois. Heureusement pour l'honneur de ta famille, Rose, que tu es une de ces filles sages et prudentes, n'est-ce pas?

— Oui, ma mère, répondit Rose, tout en s'efforçant d'étouffer le soupir qui s'exhalait de son sein.

Tout en causant ainsi la mère et la fille, se tenant bras dessus bras dessous, traversèrent un verger, au bout duquel se trouvait située la grange où Maurice et le fermier s'étaient rendus afin d'examiner ensemble les travaux qui s'y exécutaient, et ce travail terminé, l'un et l'autre revenaient à la ferme tout en causant, lorsqu'en tournant un buisson, ils se trouvèrent face à face avec la fermière et sa fille.

Maurice en apercevant pour la première fois de sa vie une jolie et gracieuse jeune fille aux allures parisiennes, ne put s'empêcher de rougir en lui adressant son salut.

Maurice était dans l'âge où les passions

commencent à exercer leur empire sur la raison et Rose avait mille attraits pour plaire.

De son côté, il ne suffit que d'un seul coup d'œil à la jeune fille pour se convaincre qu'elle n'avait jamais vu d'homme plus fait pour captiver le cœur d'une femme.

— Monsieur Maurice, c'est ma fille que je vous présente dit la fermière en poussant Rose en avant.

— Vous ne pouviez, madame, offrir à mes regards enchantés un plus ravissant objet, dit Maurice fort troublé.

— Bien! bien! allons nous mettre à

table où nous causerons tout en dînant, fit Lamoureux en passant son bras sous celui de sa femme pour l'entraîner devant, de façon que, resté derrière, Maurice s'empressa d'offrir son bras à Rose, qui l'accepta de grand cœur.

— J'étais loin, mademoiselle, de m'attendre à rencontrer ici une personne aussi parfaite que vous, dit le jeune homme.

— Et moi, monsieur, un cavalier aussi galant. Avez-vous donc habité Paris, pour posséder ainsi les allures du monde.

— Non, mademoiselle, je n'y suis même jamais allé.

— Voilà une grande négligence de votre part. Ne pas connaître Paris, mais c'est n'avoir pas encore vécu.

— Oh! mais il n'y a pas encore de temps de perdu et j'espère me dédommager de cette longue privation l'hiver prochain en y accompagnant M. Desrieux et mademoiselle Flora sa sœur.

— Ah, tant mieux! peut-être, alors, moi, qui habite cette ville, aurai-je le plaisir de vous y rencontrer.

— Mais j'y compte, mademoiselle, et ce sera pour moi la chose la plus agréable qui puisse m'arriver.

Ce fut en causant ainsi que les deux

jeunes gens atteignirent la ferme, où ils furent à table placés l'un près de l'autre.

Nous ne nous étendrons pas davantage sur les péripéties de cette première entrevue, et nous nous contenterons de dire que Maurice quitta la ferme très-tard, qu'il fut pensif tout le long du chemin qu'il avait à franchir pour atteindre Villebelle, et que le pauvre garçon ne put fermer l'œil de la nuit.

V

Quinze jours se sont écoulés depuis celui témoin de la première rencontre de Maurice avec Rose, et le seizième au matin, un messager envoyé de la ferme au château, remettait au jeune homme une lettre dont le contenu va tout de suite nous faire apprécier le degré d'intimité auquel en étaient venus les deux jeunes gens après plusieurs visites faites à la ferme de Lamoureux par monsieur le régisseur :

« Mon doux Maurice, disait cette mis-
« sive, depuis notre dernière entrevue,
« je n'ai pas goûté un seul moment de
« repos; venez vite, volez dans les bras
« de votre tendre amie. Ne manquez pas
« de vous rendre ce soir au petit pavil-
« lon de la ferme où, comme toujours,
« vous me trouverez exacte au rendez-
« vous, et toujours plus aimante ; j'at-
« tends cet heureux instant avec la plus
« vive impatience. Ah! mon ami, combien

« les heures qui restent à s'écouler jus-
« qu'à ce moment tant désiré, vont me
« paraître longues et maussades.

« Maurice, viens, viens toi que j'aime
« à la folie; viens, mon cœur t'attend,
« ma voix t'appelle.

« Ton amie dévouée pour l'éternité,

« Rose Lamoureux. »

Maurice, encore tout empreint d'inno-
cence, qui dans sa simplicité, n'avait pu
se convaincre s'il était oui ou non le vainqueur d'une innocente vierge, ou la dupe
d'une fille déjà flétrie par les caresses
d'un suborneur. Maurice donc, fut fort

étonné de la chaleur avec laquelle une jeune personne l'engageait à l'exposer à de nouveaux dangers.

L'inexpérience de son cœur lui fit trouver des sujets d'excuse dans une passion qu'il croyait sincère, trop violente pour qu'il fut possible de la part de Rose, de la réduire aux bornes prescrites par la prudence.

A ce moment le remords d'avoir abusé d'une jeune fille qu'il croyait innocente avant le crime qu'il lui avait fait commettre, déchirait son cœur.

Comment et en quels termes pouvait-il lui faire comprendre l'énormité du crime auquel il l'avait poussée?

Dans quel langage lui dire qu'en récompense de l'amitié, de la tendresse qu'elle lui avait témoigné, il lui avait ravi le plus bel ornement de son sexe?

S'il consentait à se rendre au rendez-vous qu'elle lui assignait, n'était-ce pas augmenter la faute qu'il regrettait et rendre Rose plus coupable encore?

Et pourtant, il ne pouvait ainsi abandonner une fille dont le seul crime était de l'aimer, une fille qu'il aimait lui-même avec toute la sincérité, la fougue d'un premier amour.

Après avoir longuement réfléchi, Maurice, dont le désir l'emportait sur la sagesse et la prudence, décida qu'il se rendrait à l'invitation de Rose, mais cette fois, non pour abuser de sa tendresse, mais pour lui faire entendre le langage de l'honneur et de la raison, pour lui démontrer tout le danger auquel ils s'exposaient tous deux s'il continuaient à se livrer imprudemment aux tendres transports d'un coupable amour.

Ce fut dans ces sages dispositions que Maurice arriva le soir à la ferme de Lamoureux après avoir laissé son cheval à un quart de lieue; la ferme, dans laquelle il pénétra par le verger, en évitant d'être vu afin de se rendre au petit pavillon où il trouva Rose qui l'attendait, Rose, plus jolie et plus coquettement parée qu'elle n'était encore apparue à ses regards.

— Rose, me voilà, je me rends à votre invitation, fit Maurice d'un air gauche et embarrassé.

— Mais j'étais certaine qu'il en serait ainsi... Allons, placez-vous près de moi sur ce canapé, mon cher petit chat, et causons comme deux amants qui s'adorent, dit Rose, tout en entourant de son joli bras le cou du jeune homme, auquel elle s'empressa de donner un baiser.

— Rose, ma chère Rose! fit Maurice après avoir rendu caresses pour caresses ; vous devriez me haïr, me détester !

— Pourquoi donc ça, mon ami? demanda Rose surprise.

— Rose, votre âme généreuse a-t-elle donc oublié combien je fus coupable envers vous il y a trois jours? Ce qui s'est enfin passé entre nous dans ce même pavillon?

— Mais non, je ne l'ai pas oublié, et loin de t'en vouloir, mon ami, je ne t'en aime que davantage.

Cet aveu fait d'un ton très-naturel, déconcerta tant soit peu le candide jeune homme.

— Et pourtant Rose, j'ai été assez audacieux, assez coupable pour abuser de votre faiblesse.

— Si ce n'est que cela, mon chéri, je ne sais vraiment pas pourquoi je t'en voudrais, car, en cette circonstance, nous avons été aussi coupables l'un que l'autre ; ce qui arrive presque toujours entre amants qui s'adorent, et je t'adore, moi, mon Maurice, oui, je t'aime... je t'aime... mais bien sincèrement !... disait Rose penchée sur le jeune homme auquel elle prodiguait ses plus tendres caresses et ses plus doux regards.

— Rose, Rose ! ne me regarde pas ainsi, soupira Maurice.

— Je t'aime ! te dis-je, Maurice, entends-tu? je t'aime!... répliqua Rose avec passion.

Maurice, qui était venu pour parler honneur et sagesse, s'aperçut en ce moment qu'il avait trop présumé de ses forces.

Rose était si belle, si séduisante! que le plaisir l'emporta sur la raison et la prudence, si bien enfin que les rendez-vous se multiplièrent durant un mois au bout duquel Rose, contrainte de retourner à Paris où, disait-elle, certain engagement d'honneur la rappelait forcément, quitta la ferme après avoir promis à Maurice d'abréger son absence le plus possible et de revenir dans ses bras plus aimante que jamais.

Ce ne fut pas sans éprouver un vif chagrin que Maurice avait vu s'éloigner son premier amour, celle qu'il croyait aimer d'un amour sincère et durable.

Rose, à son arrivée à Paris, et après avoir quitté le débarcadère du chemin de fer, était montée en voiture, et s'était fait conduire rue d'Angoulême-du-Temple, où était situé son domicile.

— Ah! v'là ma zelle Rosita qui nous revient, Dieu merci pour la joie de la maison, dont elle est est le boute-en-train, s'écria la portière de la maison en apercevant de sa loge Rose descendue de voiture et tout en venant à sa rencontre.

— Oui, mère Raby, me voilà. Quoi de nouveau ? dit gaiement Rose.

— Ma foi, mamzelle, qu'on s'ennuyait fort sans vous ici comme à votre théâtre, où que le public, ne vous voyant plus jouer, désertait la salle. Ah ça ! vous vous amusiez donc ben à la campagne, chez vot' papa et vot' maman pour y être restée aussi longtemps ?

— Oui, mère Raby, je m'y plaisais beaucoup, et ma santé aussi.

— En effet, vous nous revenez grasse et fraîche que ça fait plaisir à voir.

— Ce que je puis vous assurer, mère Raby, c'est que si ce n'avait été les papiers timbrés que mon directeur menaçait de me décocher au toit paternel afin de me faire revenir, je serais encore dans ma famille, où je me trouvais en Paradis.

— Dame, vous êtes sa plus gentille et sa meilleure actrice à ce cher homme, pas étonnant qu'il tienne à vous.

— Merci du compliment, mère Raby, mais assez causé, le voyage m'a fatiguée et je monte chez moi me reposer.

— Allez, mamzelle Rosita, vous y trouverez vot' petite bonne Marie, qui va être ben contente de vous revoir.

Rose laissa là la portière, et d'un pas

leste monta deux étages, sonna à la porte de son appartement, que vint lui ouvrir sa servante Marie, jeune fille à l'air spirituel et déluré, laquelle salua le retour de sa maîtresse par un cri de joie.

— Pour Dieu, ma chère maîtresse qu'avez vous donc fait à cette campagne, où vous ne deviez rester que huit jours, quand voilà six semaines que vous êtes absente.

— J'y ai fait un amoureux, ma chère.

— Ce qui ne vous manque certes pas à Paris, où tous les hommes vous courtisent.

— D'accord, mais parmi tous ces hommes, il n'y en a pas un qui puisse être comparé à mon cher petit Maurice... Figure-toi, Marie, un jeune et beau garçon taillé en Spartacus, avec une noire chevelure, des yeux de porte cochère, un nez une bouche, tout cela fait à ravir, et ce qu'il y a de mieux encore, un amoureux tout vierge, tout innocent et candide qui est rempli d'amour et vous demande pardon à chaque baiser qu'il vous donne parce qu'il croit vous offenser.

— Holà! êtes-vous heureuse, mademoiselle, d'avoir trouvé un pareil chérubin qui sans doute est riche autant qu'il sera généreux?

— Riche, non, mais il le sera certes un

jour; mais, ma chère, ce que j'aime en lui, c'est sa personne, ce que j'ambitionne c'est qu'il m'aime longtemps, toujours; j'en suis folle!

— Et quoi! l'aimant autant que ça, vous l'avez planté là pour venir retrouver vos amoureux de Paris.

— Je suis revenue, chère, parce que le directeur, en me voyant outrepasser le temps du congé qu'il m'a accordé, m'a écrit que si je ne revenais achever mon engagement il allait m'y contraindre par voie de justice. Or, juge de l'effet qu'aurait produit à la ferme la présence d'un commandement sur papier timbré lequel eût révélé à mon père, ainsi qu'à ma mère, que

leur fille, qu'ils croient une vertueuse
modiste travaillant du matin au soir à
confectionner des chapeaux, n'est autre
qu'une comédienne qui chaque soir étale
ses grâces sur le théâtre des Délassements-
Comiques. Plus encore, hélas! hélas! que
pour pouvoir subvenir à ses goûts mon-
dains, ladite fille, à laquelle les bonnes
gens recommandent sans cesse d'être bien
sage, s'est donné des protecteurs dont la
bourse, en échange de la monnaie de
singe qu'elle leur prodigue, vient en aide
à ses caprices coquets et gourmands. Marie, ces chers parents en seraient morts de
chagrin et de honte, et comme je les aime
beaucoup, afin de leur éviter ce petit désagrément, je me suis décidée, quoi qu'il
m'en coûtât beaucoup, à me séparer pour

quelque temps de mon cher Maurice, en faveur de qui je veux désormais être sage et fidèle.

— Croyez-vous, mademoiselle, avoir ce courage-là ? demanda Marie en riant.

— Chère fille, apprends que l'amour enfante les plus grands miracles. Marie, j'aime Maurice comme je n'ai jamais aimé; je l'aime d'un amour pur, généreux, désintéressé, capable de tous les sacrifices. Tiens, tu vas rire, chère fille, eh bien, crois-moi si tu veux, mais je préférerais la mort à la douleur de ne plus être aimée de lui, à la honte de me savoir méprisée de lui ; et pourtant, voilà ce dont je suis menacée si cet amant chéri vient jamais à découvrir mon passé, à savoir que la femme qu'il a pressée dans ses bras, qu'il s'accuse d'avoir déshonorée, le pauvre innocent! n'est autre qu'une baladine, une impure qui a vendu ses caresses au plus offrant et dernier enchérisseur. Marie, c'est un bien vilain métier que j'ai là, dont l'amour pur de Maurice me dévoile toute la honte, termina tristement Rose.

— Bah! pourquoi vous affliger ainsi, ma chère maîtresse? Pourquoi craindre? qui diable s'avisera jamais d'aller conter vos fredaines à cet amoureux, à ce jeune provincial inconnu au monde parisien? Aimez donc sans craindre les anicroches et allez toujours votre train ordinaire; car enfin vous n'avez pas de fortune, vous aimez la toilette, la vie large et joyeuse, et ce ne sont pas les six cents francs d'appointements que vous donne votre directeur qui pourraient payer tout cela.

— Hélas non! c'est tout au plus si cette misère suffit à payer mes gants. Ah! Marie, pourquoi ne suis-je pas une actrice d'un grand talent et richement appointée?

— Dame, ma chère maîtresse, c'est que le hasard ne l'a pas voulu.

— Marie, par amour pour Maurice, j'ai grande envie de me convertir, de renoncer à Satan, à ses pompes, à ses œuvres, de quitter le théâtre et de redevenir ce que j'étais avant d'y entrer, c'est-à-dire une simple modiste gagnant ses quarante sous par jour.

— Voilà qui serait joliment maladroit de votre part, chère maîtresse. Comment, vous vous mettriez dans la misère, vous vous condamneriez à végéter, tout cela en faveur d'un simple amoureux, bien gentil, bien innocent, bien caressant, il est vrai, mais que, en raison de toutes ces qualités, on vous soufflera un jour, et qui, pas meilleur que ses pareils, ne se fera nul scrupule de vous planter là.

— Tais-toi, méchante, et ne perce pas mon cœur en essayant de me faire croire que mon Maurice soit capable de m'oublier jamais, moi dont la ferme intention est de m'en faire épouser.

— Épouser par un petit régisseur de campagne ! fit Marie avec dédain.

— Maurice est sur le chemin de la fortune, sachez cela, mademoiselle la dédaigneuse ; et quand bien même il ne devrait jamais être riche, je m'estimerais encore heureuse d'être sa femme.

— Oh ! alors, vous avez bien raison de dire que l'amour enfante des miracles, puisque vous vous décideriez à devenir la femme d'un homme sans le sou, vous qui avez si bien su jusqu'alors exploiter la bourse de vos amants.

— Allons, silence! mauvaise langue; et, au lieu de médire de moi, de contrarier, ainsi que tu le fais, les sentiments de mon cœur et ses bonnes dispositions à venir, dis-moi quelles sont les personnes que tu as reçues durant mon absence?

— Parbleu! tous vos adorateurs, et particulièrement ce tout laid de M. Gabriel Chamberlin, qui voulait absolument que je lui nommasse le pays qu'habitent vos parents, afin d'aller vous y rejoindre.

— Tu n'as eu garde de le lui dire?

— Certes! fit Marie.

— Chère, je veux rompre avec ce jaloux, ce furet qui finirait par me compromettre, et, en cette intention, je vais aller moi-même lui donner son congé.

— Eh bien, vous aurez tort, mademoiselle, car ce Chamberlin est d'une générosité princière qui fait oublier sa laideur.

— Cet homme m'ennuie et je le réforme quand même, fit Rose d'un ton ferme et sans réplique.

VI

Trois mois et demi se sont écoulés depuis les incidents racontés dans le chapitre précédent. M. et mademoiselle Flora Desrieux sont de retour à Villebelle depuis quinze jours. Maurice a donc éprouvé la douce satisfaction de revoir ses bienfaiteurs et le bonheur d'être tendrement pressé dans leurs bras, de recevoir leurs félicitations sur la manière intelligente et probe avec laquelle il a su remplir l'importante mission dont il avait été chargé.

— Ne trouvez-vous pas comme moi, mon frère, que ce cher Maurice a beaucoup gagné à son avantage depuis un an que nous ne l'avons vu, et qu'il est devenu un charmant cavalier? avait dit Flora tout en contemplant le jeune homme avec des yeux tant soit peu animés.

— Certes qu'il est devenu un fort beau garçon, et qui plus est d'une grande intelligence, avait répliqué M. Desrieux.

— Çà, mon cher Maurice, avez-vous suivi le conseil que je je vous ai donné en partant, celui de vous renforcer dans la langue latine en étudiant l'illustre Tacite?

— J'ai étudié, mademoiselle, autant que mes occupations m'en ont laissé le loisir, et je crois que d'avoir suivi votre amical conseil, il en est résulté quelque bien pour mon instruction.

— Ma chère sœur, savez-vous bien qu'il y a eu cruauté de votre part en condamnant ce pauvre Maurice à passer sur vos grimoires les courts instants que lui ont laissé ses travaux, fit en riant M. Desrieux.

— Mon frère, la science est une si belle chose, qu'on ne saurait trop lui sacrifier, répliqua Flora, que le soleil de l'Italie en brunissant son teint, en le constellant de nombreuses taches de rousseur, avait encore enlaidie.

— Soyez donc un savant, Maurice, puisque ma sœur y tient absolument : abondance de bien ne nuit jamais, dit-on. Quant à moi, que vous soyez oui ou non grec ou latiniste, je ne vous en estime pas moins, fit M. Desrieux en prenant la main du jeune homme pour la presser avec effusion.

— Ah! monsieur, combien je remercie Dieu de m'avoir donné un protecteur tel que vous, s'écria Maurice ému.

— Et moi, je lui rends grâce de m'avoir permis de rendre service à un honnête homme, mis à même d'obliger un cœur reconnaissant et dévoué. Maurice, que l'avenir ne vous inquiète pas, mon ami, et désormais regardez-vous chez moi comme l'enfant de la maison.

Ce fut les larmes aux yeux que Maurice tomba aux genoux de l'homme bon et généreux qui daignait l'adopter, en s'écriant :

— Moi, votre fils, monsieur ; ah! comment pourrai-je jamais reconnaître cette heureuse faveur ?

— En m'aimant, en devenant mon bâton de vieillesse, mon cher Maurice, puisque je n'ai pas eu l'esprit de m'en créer un, et que ma sœur a toujours préféré le latin aux douceurs du mariage.

Le troisième jour qui suivit celui où avait eu lieu cet entretien, Maurice, qu'une vente de bois appelait dans la forêt, après avoir déjeuné avec ses amis, était monté à cheval et galoppait sur la grande route, tandis qu'une voiture entrait dans la cour du château de Villebelle. Cette voiture amenait madame de Melval, l'ex-pupille de M. Desrieux, laquelle venait embrasser celui qui lui avait servi de père, et pour qui elle n'avait cessé de conserver une vive amitié et tout le respect d'une fille reconnaissante.

— Sois la bienvenue, chère enfant! disait M. Desrieux joyeux, en embrassant la jolie visiteuse qui de ses bras passa dans ceux de Flora.

— Combien je me sens heureuse, mon excellent tuteur, de vous retrouver en bonne santé, après une aussi longue absence. Hélas! comment avez-vous pu tous les deux, rester si longtemps éloignés de vos amis, de moi qui ne vous voyant plus, me croyais une enfant perdue, disait Clara de l'expression du reproche, et tout en caressant le vieillard et sa sœur. Mais pour Dieu ! reprit-elle gaiement, à quoi avez-vous pu passer le temps durant cette longue et interminable année ?

— Moi, chère petite, à me ressusciter de mon mieux et Flora en courant à la recherche des inscriptions latines, en parcourant les ruines de Rome et de ses environs ; ainsi ne sois pas trop surprise en t'apercevant que son teint a tourné à la couleur pain d'épice ; c'est un bénéfice de la science que, selon elle, on ne saurait payer trop cher.

— Raillez tant qu'il vous plaira, mon frère ; mais c'est grâce à mes recherches, à mon activité, à ce besoin de connaître et d'apprendre qu'aujourd'hui je suis redevable de posséder dans mon recueil scientifique, un grand nombre d'inscriptions et d'épitaphes ignorées jusqu'à ce jour, que j'ai la gloire d'avoir su découvrir en fouillant les ruines et les ronces.

— Mon Dieu, bonne amie, mais à ce métier là, vous avez dû plus d'une fois vous piquer cruellement les doigts et vous faire un mal affreux? dit en riant madame de Melvale.

— Souvent, j'en conviens, mais vaincre sans danger, c'est triompher sans gloire! répondit la mûre demoiselle.

— Je vous dirai, mon bon tuteur, que

dans mon dépit de ne plus vous revoir, j'ai vingt fois été tentée de quitter le château de ma vieille cousine, où j'étais allée passer mon temps, pour venir m'installer ici, où je me serais presque cru en votre compagnie, au milieu de tout ce qui vous appartient.

— Il fallait y venir, y passer la belle saison, mon enfant, d'autant mieux que tu aurais trouvé ici bonne compagnie en la personne de Maurice, mon jeune régisseur, qui est un charmant garçon.

— Ah ! oui, ce jeune homme dont vous me parliez dans vos lettres ; un pauvre orphelin abandonné que vous avez recueilli.

Ce beau trait ne me surprend pas de votre part, mes bons amis, oh, vous avez bien fait ! il est si doux de faire des heureux ! Mais où donc est-il ce protégé dont vous me vantez tant les excellentes qualités ?

— Dans les bois en ce moment, où il surveille mes intérêts; car tu sauras, ma chère enfant, que Maurice est infatigable lorsqu'il s'agit de nous être utile. Ce garçon là veut absolument doubler ma fortune et en prend fort le chemin, c'est dit-il le devoir qu'il s'est imposé en acceptant ce qu'il lui plaît d'appeler mes bienfaits.

— Voilà qui annonce chez ce jeune homme une âme noble et reconnaissante ;

aussi, sans le connaître, je m'intéresse déjà à sa personne, dit madame de Melvale.

— Clara donne-nous donc des nouvelles de ce gros Chamberlin, fit Flora, qui souhaitait sans doute changer la conversation.

— Il se porte à ravir, pour mon malheur, répondit en riant la jeune veuve.

— Pour ton malheur! fit Flora intriguée.

— Certainement ; cet original pour lequel j'éprouve franchement un peu d'amitié, mais voilà tout, ne s'amuse-t-il pas d'être amoureux de ma personne et de vouloir en faire sa femme.

— Eh! mais tu pourrais trouver plus mal, chère petite; Chamberlin est riche et je lui crois toutes les qualités nécessaires pour faire un bon mari, dit mademoiselle Flora.

— D'accord, mais il en manque une à ce bon Chamberlin, celle enfin qui pourrait m'inspirer en sa faveur, ce tendre sentiment qu'on appelle l'amour, qualité si nécessaire et sans laquelle il n'est pas d'union possible, surtout lorsque l'intérêt n'est pas en jeu.

— Je t'approuve, Clara, rien de plus lourd, selon moi, qu'une union que n'a pas formé la sympathie, dont le cœur n'a point forgé la chaîne, dit M. Desrieux.

— Et cependant ma mignonne, reprit Flora, il faudra pourtant te décider à faire un choix, car enfin une femme de ton âge a besoin d'un protecteur.

— Eh bien ! n'êtes-vous pas le mien, celui auprès de qui je viendrais vite me réfugier si quelque malheur me menaçait, n'ai-je pas encore madame de Villarceau, la tante de feu mon mari, excellente femme qui m'a conservé une amitié profonde et me tourmente sans cesse pour aller vivre auprès d'elle dans son château de Touraine?

— Clara, j'estime fort cette excellente femme en dépit de cette aristocratie gothique dont elle ne veut démordre, en oubliant que 89 a passé sur la France, mais je crois que si jamais tu avais besoin d'un asile, chère enfant, que ce serait le mien que ton cœur choisirait de préférence.

— Gardez-vous d'en douter mon ami ; oh, mon cœur reconnaissant n'a pas oublié que mon enfance s'est écoulée sous votre aile protectrice, sans qu'aucun nuage ne vienne assombrir mon cœur, fit Clara en pressant avec tendresse la main de M. Desrieux. Maintenant, reprit-elle, laissez-moi vous annoncer la prochaine visite de M. Gabriel Chamberlin, lequel n'avait rien moins que la prétention de me servir d'écuyer cavalcadour dans mon voyage de Paris à Villebelle, et que malgré la défense que je lui ai faite de me distancer de huit jours, ne va pas manquer d'arriver sur mes talons.

— Allons, je vois ma chère petite que ce jeune homme est fort amoureux de toi et je pense que si tu consentais à l'aimer un peu, vous feriez un couple des plus heureux, dit Flora.

— Décidément, ma bonne amie, je vois que M. Gabriel Chamberlin a en vous un avocat très-zélé, mais hélas! en dépit de votre éloquence, je crois que vous ne gagnerez jamais sa cause, répliqua Clara en souriant.

— Voyons Flora, conviens que notre pupille mérite mieux qu'un Chamberlin qui tout bon garçon qu'il est, ne brille ni par l'esprit ni par le physique, observa en riant M. Desrieux.

— Libre à vous mon frère, de penser ainsi, mais moi je trouve que Chamberlin est un charmant garçon, dit Flora avec humeur.

— De caractère, j'en conviens... Quant à moi, ce que j'appelle un cavalier accompli, c'est un jeune homme comme Maurice qui, à un physique noble et distingué, joint la grâce à l'esprit.

— Là, là ! cher tuteur, mais à vous entendre faire ainsi le panégyrique de monsieur votre protégé, vous avez mis, à ce qu'il paraîtrait, la main sur le phénix des hommes, dit Clara.

— Ma foi, je crois que oui ; ah le beau, l'excellent mari qu'aura la femme assez amie de son bonheur pour en faire son époux.

— En vérité, mon frère, on dirait que...

— Je cherche à disposer favorablement Clara en faveur de mon protégé, n'est-ce pas? interrompit M. Desrieux gaîment en s'adressant à Flora, dont la rougeur semblait trahir le secret mécontentement. Eh bien, pourquoi pas? Maurice n'a rien, il est vrai, mais une femme riche pour deux ne pourrait faire un meilleur choix.

— Je suis fâchée mon bien aimé frère, mais je me permettrai de vous dire qu'une fille ou femme riche et de bonne maison, n'acceptera jamais pour mari, un jeune homme sans nom ni famille, né on ne sait où ni de qui, reprit Flora avec aigreur.

— En vérité, ma chère sœur, je m'étonne de vous entendre autant rabaisser en ce moment, ce cher Maurice aux qualités duquel d'ordinaire vous vous plaisez à rendre justice.

L'arrivée du jeune homme dont le trot du cheval se fit entendre dans la cour, mit fin à cette petite discussion entre le frère et la sœur et attira nos trois personnages à la fenêtre.

— Regarde, chère enfant; ce jeune homme n'a-t-il pas bonne mine et ne fait-il pas un charmant cavalier? dit M. Desrieux en indiquant Maurice à Clara.

— J'en conviens, mon cher tuteur; oui, ce jeune homme me paraît très-bien

— Certes qu'il est bien ; qui donc dirait le contraire, murmura Flora dont le regard ne quittait pas Maurice, lequel après être descendu de cheval devant le perron, donnait plusieurs ordres à des serviteurs du château, avec lesquels il s'éloignait.

— Ah çà, ne se donnera-t-il pas au

moins la peine de venir faire connaissance avec moi, ce petit phénix? dit gaîment Clara en suivant Maurice des yeux, pour le voir s'enfoncer dans le parc.

— S'il te savait ici, je suis persuadé, chère enfant, qu'il s'empresserait de venir te saluer. Mais voilà l'heure du dîner qui s'avance, et comme en toutes choses, l'exactitude est la vertu de Maurice, il ne tardera pas à venir me rendre le compte exact des travaux de la journée.

— Ainsi Clara, vous dites donc que ce cher Chamberlin, votre humble adorateur, ne tardera pas à venir égayer notre maison de sa présence? dit Flora.

— Bonne amie, je ne serai pas même surprise de le voir tomber ici dès demain.

— Tant mieux, car un cavalier nous est indispensable pour nous accompagner dans les cavalcades que je te propose de faire de compagnie avec moi, à travers nos bois et nos champs.

Chère bonne, je suis toute à votre disposition, seulement je vous dirai que le cavalcadour sur lequel vous comptez pour vous servir d'écuyer et de protecteur, ne sait ni monter ni conduire un cheval.

— Alors, nous lui démontrerons cet

art, toi surtout qui est une aussi excellente que grâcieuse amazone.

— Merci du compliment, ma chère amour, fit Clara en accompagnant ces mots d'une gentille révérence.

— Mais pour vous accompagner dans vos courses équestres, n'avez-vous pas Maurice, qui est un bon cavalier! observa l'ex-tuteur.

— Mon cher frère, vous me permettrez de vous faire observer que votre régisseur est beaucoup trop occupé pour qu'il lui soit possible de nous consacrer son temps, dit Flora.

— Ah çà, ma sœur, plaisantez-vous en

parlant ainsi! Croyez-vous donc que je n'ai recueilli ce jeune homme que pour en faire un esclave? ne savez-vous pas que s'il travaille ainsi qu'il le fait, c'est contre mon gré, que je suis assez riche pour payer un intendant si, docile à mes conseils, Maurice consentait à consacrer son temps à l'étude des arts et aux distractions si naturelles à un homme de son âge?... Tenez, Flora, je ne sais quelle mouche vous a piqué, mais depuis ce matin je vous trouve fort changée à l'endroit de Maurice, et je cherche en vain à me rendre compte de l'injustice que vous manifestez à son égard.

— Injuste envers lui, moi! ah, mon frère!

Comme Flora parlait ainsi, la porte du salon s'ouvrit et Maurice parut tenant plusieurs papiers à la main.

— Ah, pardon ! daignez excuser mon indiscrétion, mais ignorant que vous étiez en compagnie, je venais, monsieur, vous soumettre ces mémoires, dit en souriant Maurice, tout en faisant plusieurs pas en arrière pour se retirer.

— Maurice, restez, je vous en prie; que nous soyons en société ou non, votre place est toujours auprès de nous, et je suis même fort aise de votre venue, qui nous permet de vous présenter à notre charmante pupille, madame de Melvale, qui nous fait l'amitié de venir passer quelques jours auprès de nous.

A ces paroles amicales de M. Desrieux, Maurice s'empressa, tout rouge et tout tremblant, de saluer la jeune veuve, dont la beauté venait de le frapper.

— Notre excellent ami a raison, monsieur, de vous rappeler que vous êtes de la famille, et à ce titre, permettez que nous fassions connaissance, dit Clara du ton le plus affable, tout en regardant attentivement Maurice, duquel les yeux remplis d'une douce langueur la contemplaient avec timidité; Maurice dont un habit simple, mais d'une coupe élégante, relevait les grâces de la taille, dont la régularité de ses traits mâles et gracieux ressortait avec avantage sous une abondante chevelure noire et bouclée.

— Merci, merci, madame, des gracieuses paroles que vous daignez m'adresser, dans lesquelles je reconnais l'ouvrage de mes chers bienfaiteurs, envers qui ma reconnaissance, mon dévoûment sont à leur comble, dit le jeune homme en s'inclinant et en adressant au frère ainsi qu'à la sœur un regard rempli de joie et d'amour.

— Maurice, je vous donne ma pupille pour sœur et amie, aimez-là comme vous nous aimez; et maintenant dites-moi ce que sont ces papiers que vous m'apportez.

— Deux mémoires de vos entrepreneurs, réglés par moi, monsieur, que je désire vous faire approuver et signer; car ces bonnes gens ont grand besoin d'argent.

— Soit, donnez-moi une plume.

— Veuillez prendre le temps de les vérifier, monsieur.

— Après vous, mon ami, je n'ai plus qu'à signer, répliqua M. Desrieux tout en apposant sa signature.

— Qu'est-ce que cela encore, mon cher ami, demanda l'excellent homme en voyant Maurice lui présenter deux autres papiers.

— Deux grâces, monsieur, que je soumets à votre autorité, à votre bienfaisance ; celle d'une pauvre vieille femme, qu'un de vos gardes a surpris faisant paître sa vache sur vos terres, l'autre d'une famille indigente dont les enfants ont été surpris coupant du bois près de clairière des genêts ; ces malheureux ont été condamnés à payer une lourde amende, et ils sont si pauvres !

— Corbleu ! monsieur le régisseur, aviez-vous besoin de mon consentement pour faire grâce à ces gens ?

— Vous êtes le maître, monsieur, c'est de votre bien dont ils osaient disposer, à vous seul est donc réservé le droit de punir ou de grâcier.

— Alors je fais grâce, dit M. Desrieux, en signant de nouveau.

— Merci pour ces infortunés, monsieur, reprit Maurice d'un ton joyeux et reconnaissant.

VII

Le lendemain, quoi qu'il fit un temps affreux, que la pluie tombât à torrents, Maurice, qu'une affaire importante appelait à une bonne lieue du château, après avoir quitté son lit vers la cinquième heure du matin, courait à cheval sur la grand'route, enveloppé dans un manteau et la casquette rabattue sur les yeux. Notre jeune homme, tout en trottant, se livrait à ses rêveries ou pour mieux dire il pensait à Clara, à cette femme charmante autant que spirituelle qui, la veille, l'avait accueilli avec toute l'affabilité d'une âme noble et bonne. Cette femme qui, durant la soirée qu'il avait passée auprès d'elle, n'avait cessé de le charmer par son esprit, sa grâce, son humanité. Qu'elle était ravissante lorsque, en s'accompagnant au piano, à son touché facile et léger, elle joignait sa voix enchanteresse, cette voix douce et mélodieuse dont les accents divins émouvaient son âme et la plongeaient dans le ravissement.

— Ah! combien le sort de celui qui saura se faire aimer de cette femme sera heureux et envié! Hélas! pourquoi ne suis-je sur la terre que le plus pauvre des hommes, sans famille, sans nom, sans avenir; combien, s'il en était autrement, je serais heureux de lui offrir mon cœur, mon nom, de lui sacrifier ma liberté, de passer ma vie à ses pieds comme un esclave fidèle et soumis... Mais à quoi bon former de pareils souhaits, qui ne se réaliseront jamais? A quoi bon rêver la possession de cette femme heureuse et brillante, l'idole du monde au milieu duquel elle vit, moi pauvre abandonné qui n'existe que de la charité de l'être bienfaisant qui m'a pris en pitié, dont l'amitié se changerait en mépris, s'il pouvait soupçonner que l'enfant perdu qu'il a ramassé sur son chemin, qu'il réchauffe et nourrit sous son toit hospitalier, ose élever sa pensée jusqu'à sa noble et belle pupille ? Allons, Maurice, point de faiblesse ! fais taire ton cœur, pauvre insensé, et contente-toi seulement de la part d'estime et d'amitié que daigne t'offrir l'ange auquel le destin te défend d'aspirer... Ah ! pourquoi, ainsi que Rose, n'est-elle pas la fille d'un simple cultivateur !

Tout en pensant ainsi, Maurice venait d'atteindre l'entrée d'un petit hameau où la pluie, qui redoublait avec fureur, le força de se réfugier dans une auberge, dans laquelle il se trouva en présence d'un jeune homme en costume de voyage, qui dormait en travers de la cheminée, dans un grand et gothique fauteuil, les jambes étenduse sur des chaises.

— Ah ! c'est vous, monsieur Maurice ? Soyez le bienvenu, fit l'aubergiste en saluant le jeune homme et en le débarrassant de son manteau. Comme vous voilà trempé ; approchez-vous du feu et essayez de vous sécher un peu.

— Merci, monsieur Jacques ; mais en approchant de la cheminée, je craindrais de déranger ce monsieur qui dort d'un si bon cœur. Qui est-il ?

— Un voyageur qui nous est arrivé hier soir en chaise de poste, et désire rester deux jours ici ; mais comme nous n'avons que trois chambres et qu'elles étaient toutes occupées lors de son arrivée, il a consenti à passer la nuit sur ce fauteuil, faute de mieux.

— Ne troublons pas son sommeil, mon cher Jacques, et permettez-moi d'attendre chez vous qu'il plaise à ce déluge de cesser, ce qui ne peut tarder, car à l'horizon le ciel semble s'éclaircir.

— Il m'est d'avis qu'un verre de vin chaud ne vous ferait pas de mal, M. Maurice.

— Très-volontiers, Jacques, d'autant mieux que la matinée est fraîche.

— Et qu'un petit air de feu vous ragaillardirait un tantinet, disait l'aubergiste, tout en retournant le fauteuil dans lequel dormait le voyageur, afin de débarrasser la cheminée.

— Sacrebleu ! qui se permet de m'éveiller ainsi ? dit le jeune homme dont les jambes, ayant glissé des chaises qui les soutenaient, venaient de tomber lourdement à terre.

— Excusez-moi, monsieur, mais vous barriez la cheminée, et voici un ami qui m'arrive mouillé jusqu'aux os et a grand besoin de se sécher.

— Corbleu ! ce maudit fauteuil m'a brisé. Quelle nuit affreuse j'ai passé là, disait le voyageur en se détirant les membres.

— Plairait-il à monsieur de prendre sa part du bol de vin chaud que je prépare? Cela le réchaufferait et l'aiderait à attendre qu'on lui prépare son déjeuner.

— Me prenez-vous pour un ivrogne, drôle, en osant m'offrir du vin à pareille heure, lorsque j'ai les yeux à peine ouverts? Quant à mon déjeuner, quelle détestable fricassée vous proposez-vous donc de m'offrir?

— Celle qu'il plaira à monsieur d'ordonner.

— Comment ! est-ce qu'il serait par hasard possible de manger quelque chose de passable dans votre affreuse auberge ?

— Nous avons à offrir à monsieur, viande, poisson frais et gibier, répliqua le patient aubergiste, tout en surveillant le vin qui chauffait.

— Vous pouvez manger ici en toute assurance, monsieur ; quoique la maison, il est vrai, soit de simple apparence, la cuisine y est aussi excellente que les maîtres en sont polis, dit Maurice qui souffrait d'entendre humilier le brave aubergiste.

— Merci de l'avis, mon cher ; mais je

me permettrai de vous faire observer que je suis riche, que j'ai maison montée à Paris, et que ce qui peut paraître bon à des paysans comme vous autres, peut me sembler détestable, à moi homme délicat.

— Dites donc, monsieur le voyageur, vous me faites l'effet d'être pas mal impertinent. Sachez que des paysans comme nous ont le palais aussi délicat que le vôtre, et les lèvres plus polies, surtout! répliqua Jacques piqué au vif.

— Prenez garde, mon cher, vous devenez plus qu'impertinent, et je vous préviens que j'ai les oreilles très-chatouilleuses.

— Et moi que je suis fort peu patient, ce

fait que je vous prie de vider les lieux et de porter votre pratique ailleurs. A une lieu d'ici, près du château de Villebelle, vous trouverez une autre auberge.

— Sambleu ! un aubergiste se permettre de traiter de la sorte un homme de ma qualité ! s'écria rouge de colère le voyageur, en arpentant la salle à grands pas. Qu'on attelle mes chevaux ; je veux partir à l'instant même.

— Il n'y a pas de chevaux ici, monsieur ; ceux qui vous ont amené hier soir sont retournés à la poste, répondit en souriant l'aubergiste.

— Alors envoyez un de vos valets m'en chercher

— Mes gens sont tous partis aux champs.

— Jeune homme, je paierai généreusement, faites cette commission et hâtez-vous, dit le voyageur.

— Ce serait avec plaisir, monsieur, que je vous rendrais ce service sans intérêt, si mes affaires me conduisaient vers Blois ; mais allant en sens contraire, je me vois, avec regret, forcé de vous refuser ; mais le bon Jacques, envers lequel vous avez été un peu vif, consentira, j'en suis certain, à l'oublier, et à vous servir de son mieux, si vous y consentez, fit Maurice.

— Je n'ai rien à vous refuser, monsieur Maurice ; que monsieur commande poliment, et on le servira de même.

— Manant! ah! s'il ne pleuvait pas... murmura Chamberlin ; car c'était lui.

— Çà, monsieur Maurice, retournerez-vous tard à Villebelle, et faudra-t-il vous préparer votre dîner ? interrogea l'aubergiste sans plus s'occuper de Chamberlin.

— Merci de votre offre, Jacques, mais

je retourne au château sous deux heures.

— Vous qui parlez du château de Villebelle, n'en seriez-vous pas un des valets? s'informa Chamberlin.

— Non, monsieur, répondit Maurice en souriant, je n'ai point cet avantage.

— Un valet, M. Maurice, un valet! murmura l'aubergiste avec indignation, mais auquel Maurice imposa le silence en plaçant un doigt sur ses lèvres.

— Enfin, si vous arrivez de chez mon ami Desrieux, vous pouvez me dire si sa jeune pupille, madame de Melvale est au château.

— Oui, monsieur, d'hier à midi.

— Vous en êtes certain ?

— J'ai eu l'avantage, non-seulement de voir cette dame, mais de lui parler.

— Vous ? fit Chamberlin avec dédain.

— Moi-même, monsieur.

— Aurez-vous encore cet honneur aujourd'hui ?

— Je le pense.

— Alors, je vais lui écrire et vous lui remettrez ma lettre. Oh! vous pouvez vous en charger sans crainte de commettre une indiscrétion ; madame de Melvale est de mes amies.

— Alors, écrivez, monsieur, je remplirai votre commission.

Chamberlin demanda une plume et s'empressa d'écrire une longue épître qu'il remit à Maurice en l'accompagnant d'une pièce de cinq francs.

— Cet argent est-il aussi pour remettre

à madame de Melvale? demanda le jeune homme surpris.

— Du tout, cette pièce est pour payer le service que vous me rendez, mon cher garçon.

— Merci, monsieur. Jacques, vous me rendrez à votre tour le service de donner cette pièce de cinq francs au premier mendiant qui s'arrêtera à la porte de votre auberge.

— Je n'y manquerai pas, monsieur Maurice. Maintenant, à votre santé cela pour vous réchauffer et chasser le rhume, répondit Jacques en présentant le vin chaud sucré au jeune homme.

— Sembleu ! je me ravise et veux aussi goûter à ce vin, quand ça ne serait que pour trinquer à votre santé, jeune homme, car je commence à croire que vous êtes quelque chose de mieux que je ne l'ai pensé d'abord, dit Chamberlin, auquel l'aubergiste s'empressa de présenter un verre.

— A votre santé, monsieur Chamberlin, dit Maurice, à la grande surprise du jeune homme.

— Comment ! vous savez mon nom, fit ce dernier.

— Je vous ai deviné, monsieur ; sachant qu'une personne qui se nomme ainsi est en ce moment attendue au château.

— Ah, l'on m'y attend? mais alors je vais m'y rendre. Seulement, il me faudrait pour cela une voiture, un cheval, n'importe quel véhicule, car cette pluie diluvienne a fait un torrent de la route.

— J'ai mon âne à vous offrir, si cela vous convient, dit Jacques.

— Ma foi, je l'accepte, répliqua Chamberlin dans son empressement à se rapprocher de Clara.

La pluie ayant cessé et le temps s'étant éclairci, Maurice prit congé de Chamberlin et de Jacques pour remonter à cheval, et afin de réparer le temps perdu, autant qu'en l'intention d'être de retour au château avant l'arrivée de Chamberlin, il partit au grand galop. Chamberlin, qui s'était réconcilié avec Jacques avant de se mettre en route, se fit servir un perdreau rôti, une tranche de pâté, des fruits, et demanda une tasse de café.

— Mon cher aubergiste, je vous calomniais en osant douter de l'excellence de vos consommations, car j'ai parfaitement déjeuné, et votre vin est excellent. A propos! dites-moi donc franchement quel est ce jeune homme qui vient de nous quitter? demanda-t-il d'un air câlin.

— Monsieur Maurice, le fils adoptif et bien-aimé de M. Desrieux.

— Il se pourrait! fit Chamberlin en laissant, aux dépens de la blancheur de son linge, tomber sur la soucoupe la tasse de café qu'il portait à ses lèvres. Saperlotte! mais il fallait donc me dire cela tout de suite, alors...

— Vous ne l'eussiez pas pris pour votre commissionnaire, n'est-ce pas? dit en riant l'aubergiste. Mais à quoi pensez-vous donc; vous voilà devenu tout rêveur? reprit ce dernier.

— Que ce jeune homme est un fort joli garçon.

— Certes! aussi bon qu'il est beau encore; et de l'esprit, donc! fit Jacques.

— Mon cher ami, faites-moi préparer votre âne; je veux partir tout de suite.

Cet ordre de Chamberlin fut aussitôt exécuté; l'âne amené devant la porte de l'auberge et enfourché par le jeune homme qui, après avoir prié Jacques de lui envoyer au château la voiture qu'il lui laissait, fouetta l'âne et partit au petit trot.

— Si Cascaret, ainsi se nommait l'âne, ne lui joue pas quelque mauvais tour, ce fanfaron aura une fameuse chance, se disait Jacques en regardant du pas de sa porte s'éloigner le jeune homme qui, fort mauvais cavalier, dansait sur le dos de sa monture.

A ça près de quelques ruades, qui de la selle faisaient passer le cavalier sur le cou de l'animal, tout alla assez bien l'espace d'une demi-lieue; mais pour le malheur de Chamberlin Cascaret était un gaillard fort amateur du beau sexe de son espèce, et la fatalité voulut que, passant devant un pré, qu'un large fossé séparait de la route et que la pluie avait comblé, Cascaret aperçut plusieurs ânesses qui broutaient paisiblement. Notre âne alors de s'arrêter court, de dresser les oreilles, d'ouvrir les narines outre mesure, puis de se mettre a braire. Ce que voyant Chamberlin, afin de faire reprendre le pas à l'amoureux *asinus*, il se mit à le battre à coups de canne et de talons; mais Cascaret, qui n'était pas galant à demi, au lieu de reprendre le chemin droit, tourna le nez vers le pré, puis d'un bond franchit le fossé, dans lequel il envoya s'étendre l'infortuné Chamberlin, lequel disparut un instant sous l'eau, puis dont la tête reparut, puis le corps. Chamberlin se retira donc facilement du maudit fossé ; mais dans quel état ! couvert de boue et ruisselant l'eau.

—Ah ! maudite bête ! chien d'âne, tu ne périras que de ma main ! s'écriait-il en montrant de loin le poing à Cascaret qui, s'inquiétant fort peu de ses menaces, batifolait autour des ânesses. — Grand Dieu ! que faire? que devenir en un pareil état ? comment me présenter au château, devant madame de Melvale, ainsi couvert de fange?...

Et tandis que le malheureux Chamberlin déplorait ainsi son sort, ses yeux aperçurent une fumée qui s'élevait d'une touffe d'arbres, située à deux cents pas du lieu où il se trouvait, et comme il ne peut exister de fumée sans feu, Chamberlin, en l'espoir de sécher ses habits, s'empressa de se diriger vers cet endroit, où il trouva une chaumière, dont une haie vive d'aubépine interdisait l'abord. Le jeune homme s'empressa d'appeler à plusieurs reprises; mais ne recevant pas de réponse, quoique la fumée qui sortait de la cheminée lui indiquât que cette demeure était habitée, il se décida à tourner autour de la haie jusqu'à ce qu'il en eût trouvé la porte, porte faite de plusieurs planches disjointes et que fermait un simple lien d'osier que détacha Chamberlin, dont la présence fit jeter les hauts cris à toute la peuplade de poules et de canards qui habitait le terrain couvert de fumier qu'il fallait traverser pour atteindre la porte de la chaumière, laquelle porte Chamberlin ouvrit en levant le loquet, mais pas assez prestement pour pouvoir éviter la morsure que lui fit au derrière un gros chien, dont le tonneau qui lui servait de niche se trouvait placé près de ladite porte.

Chamberlin, se sentant ainsi mordu, poussa un cri de douleur et d'effroi ; puis, après avoir fait lâcher prise à son bourreau en lui adressant un vigoureux coup de pied, il se précipita dans l'intérieur de la chaumière, dont il ferma vivement la porte au nez du chien, qui revenait à la charge en aboyant avec fureur.

— Ah! le misérable! il m'a pour sûr emporté le morceau... Du' sang! je suis grièvement blessé !

Et, tout en disant, l'infortuné garçon déboutonnait son pantalon afin de s'assurer de la gravité de la blessure. Chamberlin à ce moment se trouvait dans une grande chambre garnie de meubles de chêne tout brillants de propreté ; dans la vaste cheminée, et pendue à une crémaillère, bouillait le contenu d'une vaste marmite. Sur un vaissellier brillait une grande quantité d'assiettes, de plats, de vases de toute espèce ornés de ramages, dont le rangement coquet et symétrique prouvait qu'il était l'œuvre d'une soigneuse ménagère.

Tandis que Chamberlin passait en revue son malheureux derrière, le chien ne cessait d'aboyer, d'aller de la porte à la fenêtre, sur laquelle il grattait avec fureur.

— Décidément, si je sors d'ici, ce chien va me dévorer; or, restons et attendons qu'il plaise aux maîtres de céans de venir à mon secours.

— Quoi que t'as donc, Brousquet, pour faire tant de tapage? fit une petite voix de femme au dehors. Est-ce qu'il y aurait un voleur dans la maison?

— Pas un voleur, madame, mais un infortuné voyageur, un ami de M. Desrieux de Villebelle, qui, étant entré dans votre cour pour vous demander la permission de se sécher un instant à votre feu, a été forcé de se réfugier dans votre maison afin d'échapper à la rage de votre chien, qui voulait le dévorer.

Ainsi disait Chamberlin à la femme, à travers la porte qu'il retenait en dedans, tandis que la paysanne, qui voulait entrer, la poussait du dehors.

— Mais, môsieu, laissez-moi entrer cheux nous.

— Très-volontiers, car vous en avez le droit, chère dame, mais apres que vous aurez attaché votre enragé chien.

— C'est fait; ouvrez sans crainte.

Rassuré par ces paroles, Chamberlin laissa entrer la paysanne, jeune brunette à la mine joyeuse qui, en souriant, montrait deux rangées de dents d'une extrême blancheur.

— Vous dites donc que vous êtes un ami de M. Desrieux? fit la jeune femme en toisant Chamberlin des pieds à la tête.

— Ami intime de père en fils, jolie dame.

— Alors, vous êtes le bienvenu ici, car vous êtes chez le maître jardinier du château de Villebelle, où mon mari travaille à c't' heure.

— Je me félicite fort d'être si bien tombé,

et je m'en réjouirais d'autant plus, adorable femme, s'il vous plaisait de me procurer du linge et de l'eau salée pour bassiner la blessure que m'a faite votre chien, de plus des habits à me prêter le temps de faire sécher les miens.

— Très-volontiers, j'vons vous donner tout ça... Mais où diable vous êtes-vous fourré pour être ainsi mouillé et surtout crotté de la tête aux pieds.

— C'est mon cheval, chère dame, qui s'est emporté, cabré et m'a jeté dans la boue.

— Oh! là! là! Allons, vous n'êtes pas

chanceux, mon p'tit môsieu, reprit la paysanne en riant et tout en fouillant dans une armoire afin d'en tirer le linge et les vêtements demandés.

— Ah ça, dites-donc, est-ce que vous allez vous déshabiller devant moi? s'écria la jeune femme en voyant Chamberlin déboutonner son gilet.

— Plût au ciel que j'en eusse le droit, adorable... Comment vous nommez-vous?

— Jeannette Pincheux, pour vous servir.

— Eh bien, belle Jeannette, je vous trouve adorable.

— Et moi diablement crotté ; aussi, si j'ai un conseil à vous donner, c'est celui de vous rapproprier avant de faire la galanterie.

Cela dit d'un air narquois, Jeannette quitta la chambre où Chamberlin, resté seul, s'empressa de panser ses blessures et de changer de vêtements afin d'étendre les siens devant le feu.

Jeannette rentra lorsqu'elle sut cette besogne achevée et s'empressa de s'informer si son hôte avait faim ou soif, et sur sa réponse négative, elle s'en fut prendre sa corbeille à ouvrage et se mit à coudre près du feu et de Chamberlin, lequel, se voyant seul avec une jeune et jolie femme, s'empressa de lui conter fleurette.

— Allons, j'vois que vous êtes un fameux enjôleur, môsieu le Parisien, mais vous perdez votre temps, car je suis une femme honnête, voyez-vous, une femme mère, qui aime son mari et son petit enfant; or, changez de conversation et parlez-moi de Paris, la grande ville que je meurs d'envie de connaître.

— Il faut y venir, belle Jeannette, je

vous offre ma maison pour demeure et de vous faire visiter tout ce qu'il y a de curieux à voir dans Paris.

— Dame, ça n'est pas de refus, et je pourrais bien vous prendre au mot d'ici à peu de temps.

— Cela me fera un grand plaisir, et même je m'engage à vous dorloter de mon mieux.

— Allons, à bas les mains, monsieur le tâtonneux, fit Jeannette en se défendant contre les entreprises de l'amoureux Chamberlin qui, usant de sa force, n'en continuait pas moins ses attaques au point de forcer Jeannette à quitter la place et la chambre pour se réfugier dans le jardin, où Chamberlin se mit à sa poursuite et la vit bientôt disparaître dans les arbres.

Fatigué de la chercher en vain, le jeune homme retourna à la chaumière, où sa déception fut complète d'en trouver la porte close et d'apercevoir, à travers les vitres de la fenêtre, Jeannette en compagnie de Brousquet, qu'elle retenait par son collier; Brousquet, le grognement aux lèvres, fixant sur lui des regards menaçants, et qui s'efforçait de s'échapper des mains de sa maîtresse pour courir sur lui.

— Jeannette, au nom du ciel, enfermez ce chien et ouvrez-moi.

— Nanni! vous êtes trop amoureux pour ça, et comme vous avez abusé de l'hospitalité, je vous abandonne à votre malheureux sort et vous ordonne de quitter la maison à l'instant même, si mieux vous ne préférez que je lâche Brousquet à vos trousses.

— Jeannette, vous n'aurez pas cette cruauté. Ouvrez-moi, et je jure d'être sage.

— Filez, vous dis-je, ou je lâche la bête.

— Mais, mes habits?

— Je vous les reporterai moi-même au château.

— Jeannette, prenez-moi en pitié, car je n'oserai jamais me présenter chez mon ami Desrieux avec ce pantalon de toile et cette blouse.

— J'en suis fâchée pour vous, mais il en sera ainsi... Allons partez, ou j'ouvre la porte à Brousquet, qui s'impatiente.

— Adieu donc, cruelle, femme impitoyable !

— Au revoir, môsieu le Parisien, reprit Jeannette en riant aux éclats.

Ce ne fut qu'après avoir vu passer la tête de Brousquet à travers la porte, que venait d'entr'ouvrir Jeannette, que Chamberlin effrayé se décida à partir, tout en murmurant entre ses dents :

— Brute de femme! sotte manante! Congédier de la sorte un homme comme moi, qui daignait l'honorer de mes caresses... Sambleu! c'est trop d'humiliation.

En disant ainsi, Chamberlin regagnait la grand'route d'un pas rapide, car la pluie, qui avait cessé dans la matinée, recommençait à tomber en larges gouttes, et le tonnerre grondait au loin.

Le malencontreux jeune homme n'avait pas franchi l'espace d'un demi-quart de lieue que l'orage qui menaçait éclata dans toute sa fureur, qu'un déluge d'eau inonda la terre, que les arbres se tordirent sous le souffle impétueux de la tempête.

Ne sachant que devenir et trempé jusqu'aux os, le malheureux Chamberlin cherchait un asile sous chaque arbre touffu, pour en être aussitôt chassé, car les gouttes qui tombaient lourdement de chaque feuille l'incommodaient tout autant que celles qui venaient directement du ciel.

Oh bonheur! encore une chaumière; celle-là est située sur le bord de la route. Chamberlin s'empresse d'y courir, d'y frapper : un homme à la mine rébarbative, la figure barbouillée de noir, lui en ouvre la porte et lui accorde l'hospitalité qu'il réclame, le fait entrer dans une pauvre chambre enfumée où il lui montre un banc de bois.

— Asseyez-vous, puis excusez si je ne

vous tiens pas compagnie, mais ma femme et moi sommes fort occupés en ce moment, dit le paysan.

— Ne vous gênez pas, mon brave homme, allez à vos affaires ; j'attendrai seul la fin de cette maudite pluie.

Chamberlin, depuis dix minutes, se promenait de long en large dans la chambre, s'arrêtant souvent devant la fenêtre en l'espoir de voir enfin cesser la pluie, lorsque la voix nazillarde d'une vieille femme se fit entendre dans la pièce voisine.

— Crois-moi, mon homme, tue-le tout

de suite puisque tu veux te donner ce plaisir, disait la vieille, il ne sera pas dit qu'il se sera réfugié chez nous impunément.

A ces mots, Chamberlin pâlit. Serait-ce de lui dont il est question? Serait-il tombé dans un repaire d'assassins?

En pensant, le pauvre garçon, plus mort que vif, se dirigeait vers la porte. Oh douleur! elle est fermée à double tour. Il court à la fenêtre. Oh comble d'horreur! d'épais barreaux de fer la garnissent.

Décidément Chamberlin se croit perdu, un affreux frissonnement lui parcourt le corps en voyant entrer le paysan les bras nus, et tenant a la main un long couteau très-effilé.

Chamberlin n'a plus une goutte de sang dans les veines, n'a ni la force de remuer ni de prononcer un mot, victime vouée au sacrifice, à la mort, il va tendre le cou, lorsque le prétendu assassin, au lieu de venir à lui, se dirige en sens contraire vers un bahut dont il lève le couvercle pour en sortir un gros, gras et dodu dindon, auquel il s'empresse de couper le cou, tout en disant au poltron qui le regardait d'un air ébahi :

— Si vous avez le temps d'attendre qu'il soit cuit, camarade, vous ne refuserez pas d'en manger votre part avec nous et de l'arroser d'un petit vin chenu en buvant à votre santé.

— Cer... cer... certainement, mon ami, balbutia Chamberlin, qui n'était pas encore revenu de sa frayeur.

— C'est que, voyez-vous, c'est aujourd'hui la fête de ma vieille et bonne femme, que nos enfants vont venir la lui souhaiter, et c'est à cette occasion que depuis deux mois j'engraisse ce gros jésuite-là, qui est venu un beau matin s'installer au milieu de ma basse-cour sans que j'aie jamais su à qui il appartenait, quoique j'aie annoncé sa bienvenue chez moi à tout le pays ; car si je suis pauvre, je suis honnête homme, et je ne voudrais pas manger tant seulement un moineau qui appartiendrait à autrui. Ah ça, c'est dit, vous dînerez avec nous ?

— Cela serait un grand plaisir pour moi, mon brave monsieur, mais je suis impatiemment attendu au château de Villebelle où, pour certain, on s'étonne que je ne sois pas encore arrivé, retard causé par la pluie qui déjà m'a contraint de m'arrêter deux fois en route; mais comme je dois rester quelque temps dans le pays, je vous promets de venir vous faire une visite, afin de vous remercier de nouveau de la bonne hospitalité que vous m'avez donnée, et même comme la pluie a entièrement cessé, je vous demanderai la permission de me remettre en route.

— Comme il vous plaira, mon garçon, et si vous voulez que je vous donne un conseil pour arriver plus vite au château, c'est celui de quitter la grand'route, qui fait une courbe, et de couper droit en prenant le petit sentier qui passe derrière mon clos, lequel vous conduira tout droit à Villebelle.

— Je vais prendre ce sentier, mon brave, veuillez me le montrer. A propos... je voudrais vous récompenser, car mes moyens me le permettent, mais j'ai laissé ma bourse dans mon habit, et mon habit chez Jeannette Pincheux, afin qu'elle le fasse sécher.

— Eh bien ! comme ça ne presse pas, ça sera pour le jour où vous repasserez par ici.

— Allons, merci et au revoir, mon cher. Comment vous appelez-vous ?

— Gigou.

— Mon cher Gigou, fit Chamberlin, auquel le paysan indiqua du doigt le petit sentier qui devait raccourcir le chemin d'un quart de lieue.

— Saperlotte! ce manant peut se vanter de m'avoir fait une fameuse peur, se disait Chamberlin tout en marchant. Sambleu! assez de mésaventures comme ça... en quel état suis-je! Qui sous ce pantalon de toile, sous cette blouse grossière s'aviserait jamais de reconnaître le riche et élégant Gabriel Chamberlin. Ah! pourvu que ma valise soit arrivée avant moi au château, car jamais, dans ce costume grossier, je n'oserais me présenter devant la belle Clara de Melvale, à laquelle, sans nul doute, ce Maurice a dû annoncer mon arrivée et qui s'impatiente de mon retard.

Lorsqu'il se disait ainsi, Chamberlin, que le sentier qu'il suivait avait fort éloigné de la grand'route et se trouvait en pleine campagne, fut arrêté dans sa marche par un ruisseau impétueux qui lui barrait la route.

— Oh! oh! qu'est-ce que cela, une rivière! un torrent! s'écria-t-il.

— Eh non! c'étions le rû du Moulin

des Saules qu' la pluie avons fait débor-
der, répondit à la demande de Chamberlin un berger à l'air madré et narquois, en
sortant de la hutte de terre qui lui servait
de refuge contre la pluie.

— Brave homme, il n'y a ni pont ni
planche pour passer sur l'autre rive?

— A quoi bon tout c't'attirail, puisque
quand y ne pleuvons pas, c'rû n'étions
qu'un ruisseau qu'enjambe un enfant de
deux ans, et que sous quatre heures, au
pu tard, toute c't' eau aura passé, répondit le berger.

— Quatre heures! mais je ne puis attendre tout ce temps!

— Alors, passez-le de dessus vos jambes, vous n'aurez d' l'eau qu'à demi-corps, c'étions le seul moyen.

— C'est ça, encore me mouiller, je ne fais que ce métier depuis ce matin... Mais j'y pense, veux-tu me passer sur tes épaules, je te récompenserai largement, car tel que tu me vois je suis riche, dit Chamberlin avec importance.

— Ah! vous étions riche? On ne le dirait pas à vot' habillement.

— Ces hardes m'ont été prêtées en échange des miennes, que j'ai laissées pour qu'on les fasse sécher chez Pincheux le jardinier.

— Connu Pincheux, et puisque vous étions riche grimpez d'sus not' dos, et n'ayez pas peur.

Chamberlin, enchanté de la bonne volonté du berger, se hucha sur ses épaules et ce dernier entra dans le rû, au beau milieu duquel il s'arrêta tout court.

— Eh bien ! que fais-tu? Pourquoi t'arrêter ainsi?

— C'est qui m'étions venu une réflexion.

— Laquelle?

— De savoir combien vous allez me payer l' service que j' vous rendons.

— Je te donnerai deux francs ; seras-tu content?

— Non, j'en voulons dix.

— Comment, drôle, dix francs pour me passer ce ruisseau?

— Dix francs, ni pus ni moins, c'étions à prendre ou à laisser.

— Tu es un coquin qui abuse de ma position ; mais comme je ne veux pas être ta dupe et que tu ailles rire à mes dépens avec tes semblables, remets-moi où tu m'as pris, et j'attendrai que cette eau se soit écoulée.

— Faites excuse, mon bon bourgeois, mais j'avons fait la moitié du chemin, et si je retourne en arrière, ça vaudra le chemin tout entier... Allons, baillez-moi deux pièces cent sous et pus vite que ça.

— Quand bien même je consentirais à

être ta dupe, cela me serait impossible, n'ayant pas d'argent sur moi, dit imprudemment Chamberlin.

— Ah! vous n'avez pas d'argent et vous faites de moi une bête de somme? Allez! v'là pour vous apprendre à avoir pus de pitié d' vot' prochain.

Cela disant le berger, par une forte secousse, envoyait Chamberlin patauger dans l'eau et libre de s'en retirer comme bon lui semblerait, ce que fit l'infortuné après avoir bu à longs traits.

— Ah! gredin! misérable! je te ferai

mourir sous le bâton, criait Chamberlin, après avoir gagné la terre, au berger qui de l'autre rive le narguait avec insolence, tout en ramassant des pierres pour les lui jeter, ce que voyant Chamberlin, il s'éloigna vivement, afin d'éviter la lapidation qui le menaçait.

VIII

Trois heures de l'après-midi sonnaient comme Chamberlin, mouillé jusqu'à l'épiderme, faisait son entrée au château, où le malheur voulut qu'il fut aussitôt aperçu et reconnu par madame de Melvale, qui se disposait à monter à cheval.

— Dans quel état êtes-vous, mon pauvre Gabriel, et que vous est-il arrivé? demanda la jolie veuve, tout en riant aux éclats.

— Rien que de très-naturel, madame; le cheval que je montais qui s'est abattu sous moi, blessé, et qu'il m'a fallu abandonner en route; affreux désagrément qui m'a contraint d'achever le voyage à pied, sous une pluie torrentielle et de changer deux fois de vêtements de la tête aux pieds. Mais laissons de côté mes mésaventures et permettez-moi, belle dame, de courir endosser des habits moins humides et plus convenables.

— Vous avez donc ici une garde-robe à votre service ? demanda Clara.

— D'après les ordres que j'ai donné à certain aubergiste, la malle qui renferme mes effets doit avoir précédé ici mon arrivée, répliqua Chamberlin.

— Allez donc, mon pauvre ami, car vous me faites froid en vous voyant ainsi mouillé.

Comme le jeune homme, après avoir pris congé de la veuve, entrait au château, il se trouva face à face avec M. Desrieux et Flora qui, d'une fenêtre, l'ayant aperçu dans la cour causant avec Clara, s'empressaient de venir à sa rencontre. Nouvelle surprise de la part du frère et de la sœur en voyant Chamberlin en aussi piteux état, auquel ce dernier répéta la même fable qu'à la veuve.

— Je ne puis comprendre, mon cher ami, comment vous n'avez pas rencontré mes gens et ma voiture que j'ai envoyés à votre rencontre aussitôt après que Maurice, de retour ici, nous eut appris que vous étiez retenu par le mauvais temps, dans une misérable auberge, dit M. Desrieux.

— Il faut que nos gens soient aveugles pour vous avoir laissé passer sans vous apercevoir, surtout sur une route aussi peu fréquentée, fit Flora.

— Dites plutôt, chère sœur, qu'ils n'auront osé reconnaître l'élégant Chamberlin sous cette blouse rustique. Mais c'est assez vous retenir, mon ami; allez vite vous changer.

— J'en éprouve le besoin le plus grand, cher monsieur, seulement il s'agit pour cela de savoir où vos valets ont placé ma malle, qu'on a dû apporter.

— Rien de plus facile!

Les valets appelés répondirent tous n'avoir vu aucune malle.

— Peste soit de la négligence de cet aubergiste! s'écria Chamberlin.

— Il est facile d'y remédier en ayant recours à la garde-robe de Maurice, dit Flora.

— Pardon, chère demoiselle, mais convient-il à un homme de ma qualité, d'endosser l'habit d'un serviteur ?

— Vous êtes un sot, Chamberlin, fit Clara qui venait d'arriver assez à temps pour entendre l'offre et la réponse.

— Un sot ! à quel propos cette épithète peu généreuse, belle Clara, demanda Gabriel, sans s'apercevoir qu'il venait d'indisposer ses hôtes en appliquant la dénomination de serviteur à leur protégé.

— Clara a raison, car vous êtes un impertinent, Chamberlin ; apprenez donc, une fois pour toutes, que Maurice est l'enfant bien-aimé de la maison, et que, quiconque l'insulte nous insulte, fit Flora d'un ton sévère.

— Maintenant, Chamberlin, que vous voilà initié aux titres et qualités de notre cher enfant, n'hésitez donc plus à lui emprunter quelques-uns de ses effets en attendant l'arrivée de votre garde-robe, dit le bon Desrieux.

— Et moi, cher tuteur, qui m'oppose à ce que l'impertinent se cache sous l'enveloppe de la politesse, je condamne M. Chamberlin, en punition de sa sottise, à endosser la livrée de l'un de vos valets, dit Clara, arrêt auquel Chamberlin fut forcé de se soumettre sous peine de gagner un bon rhume de cerveau.

Le temps qui avait été fort laid jusqu'alors, s'était subitement épuré; les nuages en s'éloignant avaient enfin permis au soleil de se montrer chaud et radieux. Il restait encore un couple d'heures à s'écouler avant que sonnât celle du dîner, et Clara résolut d'en profiter pour entreprendre, à cheval, une promenade à travers bois, que l'arrivée de Chamberlin avait retardée, promenade dans laquelle elle avait prié Maurice d'être son cavalier, Maurice qui, trop heureux de se rendre agréable à l'aimable pupille de son bienfaiteur, s'était empressé de se mettre à ses ordres et de faire seller les deux meilleurs chevaux de l'écurie. Or, ce fut donc au même instant que Chamberlin changeait de toilette dans l'appartement qui lui avait été donné, que Clara et son jeune cavalier quittèrent le château pour s'élancer à fond de train sous les ombreuses avenues d'un bois.

Après avoir ralenti leur course et tout en cheminant l'un près de l'autre, Clara voyant Maurice garder un silence qu'elle attribuait à la timidité, se décida à provoquer elle-même l'entretien.

— Ça, mon beau cavalier, ne me direz-vous rien des pensées qui vous préoccupent en ce moment ? fit-elle d'un air enjoué.

— Je n'osais vous parler, madame, en la crainte de vous paraître aussi audacieux qu'importun, répondit le jeune homme en levant son timide regard sur Clara.

— Suis-je donc tellement imposante qu'on n'ose m'adresser la parole sans craindre d'offenser ma suprême majesté ? Allons, monsieur, défaites-vous de cette timidité qui, chez un jeune homme de votre âge, paralyse l'esprit et les moyens ; enhardissez-vous et causons comme deux bons amis que nous deviendrons, je l'espère.

— C'est une bien douce faveur, madame, que votre indulgente bonté daigne me faire espérer, et de laquelle je serai fier et heureux.

— Voilà une charmante réponse... monsieur Maurice ; est-ce que cette vie de la province, de campagne, ne vous semble pas un peu monotone ?

— Jusqu'alors, non, madame, surtout lorsqu'elle s'écoule auprès de mes chers bienfaiteurs.

— Ah, je comprends, la reconnaissance est une si douce vertu ! Mais durant la longue absence qu'ils viennent de faire, est-ce que l'ennui n'est pas venu par moment s'emparer de votre cœur et de votre esprit ?

— Non, madame, car je savais partager mon temps entre le travail et l'étude, en l'espoir d'adoucir le chagrin que j'éprouvais de ne plus revoir mes bienfaiteurs.

— Quoi, pendant toute une année qu'a

duré leur absence, aucune société, aucun plaisir ne sont venus vous distraire un instant?

— Ma société, madame, était les honnêtes fermiers et les braves ouvriers avec lesquels les intérêts de M. Desrieux me mettaient chaque jour en rapport ; quant au plaisir, je le trouvais dans les arts d'agrément que je cultivais dans mes moments de loisir.

— Ces arts d'agréments quels sont-ils ? s'informa curieusement Clara.

— La musique, le dessin, un peu de peinture.

— Voilà qui était d'une sagesse bien rare chez un jeune homme de votre âge. Ainsi aucune réunion, nulle société de femmes? interrogea finement Clara.

— Des femmes! je n'en connais pas, répondit Maurice en rougissant quelque peu, parce que cette fois il mentait; parce que Rose, à la demande de Clara, venait de se présenter à son souvenir.

— Monsieur Maurice, je désire que votre ami, mon excellent tuteur, vous amène à Paris, d'autant plus qu'un séjour de quelques mois dans ce pays du monde élégant ferait de vous un cavalier accompli.

— En vérité, madame, votre extrême indulgence, conçoit de ma personne, une idée trop favorable.

— Monsieur, je ne me trompe jamais dans le jugement que je porte sur le plus ou le moins de mérite des gens que je rencontre, car j'observe et j'écoute, tels sont mes grands défauts.

— Heureux alors ceux que leur mérite rend digne de votre intérêt, madame ; et je suis certain que, dans cette grande ville qu'on nomme Paris et que vous habitez, bien des personnes doivent s'empresser de mériter cette faveur de votre part, en s'efforçant de s'attirer un regard de vos yeux charmants, un mot de vos lèvres grâcieuses.

— Voilà que vous devenez flatteur, monsieur Maurice, fit en riant Clara ; au nom du ciel, reprit-elle, prenez garde de gagner la maladie de ce pauvre Chamberlin, que ces fadeurs rendent le plus ennuyeux et le plus grotesque des hommes.

— Permettez, madame, mais je ne puis croire que le ridicule soit le partage de l'homme qui se plaît à rendre un juste hommage à l'esprit comme aux attraits que possède une dame.

— Non certes, monsieur, mais l'excès en tout est un défaut, vous ne pouvez l'ignorer. Quant à cette foule empressée de courtisans que vous supposez attachés à mon char, j'ai su, Dieu merci! lui faire perdre ma piste en vivant retirée et sans bruit, et si j'ai permis à un seul de ces empressés courtisans de venir me troubler dans ma solitude, si je consens à l'entendre bourdonner à mes oreilles ces mille flatteries que certaines femmes aiment tant à entendre, c'est que ce soupirant est fort peu dangereux, qu'il m'amuse parfois, m'ennuie le plus souvent, et que je me sens assez forte pour soutenir le siège de la place qu'il essaie de prendre.

— Mais, madame, permettez-moi de

vous dire qu'il y a cruauté de votre part de jouer ainsi avec un pauvre cœur qui se donne à vous, observa Maurice.

— Vous pourriez même, à votre morale, ajouter le mot coquetterie ; mais est-ce de ma faute si ce cher Chamberlin, le plus entêté des hommes, ne veut tenir aucun compte de mes avertissements, de ma sincérité qui lui répète sans cesse que mon cœur ne me dit rien en sa faveur et qu'il n'a nul retour à espérer de ma part; c'est que vous ne savez pas combien les femmes sont malheureuses de toujours rencontrer des amants et jamais un ami.

— Tel doit être, madame, le sort d'une

jeune et jolie femme, je le comprends.

— Alors vous devez comprendre aussi combien il est douloureux pour moi d'être contrainte de fuir le monde, de vivre dans la solitude, lorsque j'aime le monde et quelque peu le plaisir?

— Je le comprends, madame; oui, je comprends qu'il est pénible de ne point avoir un ami dévoué, sincère, dans le cœur duquel on puisse épancher son cœur, à qui confier ses secrets et demander de sages conseils. Moi, j'en ai deux que j'aime de toute la force de mon âme, que je respecte comme on doit respecter son père et sa mère, eh bien, madame, c'est justement à cause de cela que j'en désire un troisième, qui soit de mon âge, auquel enfin, je puisse sans crainte dévoiler toutes les pensées, les souhaits que mon cœur renferme.

— Eh bien, monsieur Maurice, cet ami est tout trouvé si vous voulez l'accepter en moi, dit Clara.

— En vous, madame? fit Maurice avec surprise et joie.

— Oui, en moi! faisons ensemble pacte d'amitié sincère et durable; le voulez-vous?

— Oh ! très-volontiers, madame.

— Alors c'est décidé et je vous tends la main en signe d'alliance, fit Clara en présentant à Maurice sa main délicate, qu'il s'empressa de presser dans les siennes, tout en s'efforçant de comprimer les violents battements de son cœur.

Ainsi causant, nos deux amis rentrèrent au château après une longue promenade, au château où on les attendait pour dîner, où Chamberlin, revêtu cette fois de ses somptueux habits, grâce à l'arrivée de sa malle ; Chamberlin, frisé et tiré à quatre épingles, s'empressa d'un air froid et soucieux d'offrir sa main à Clara pour descendre de cheval, et cela sans seulement daigner rendre à Maurice le salut respectueux que lui adressait ce dernier, ce que voyant Clara fit qu'elle retira vivement sa main de Chamberlin pour prendre celle de Maurice, en disant :

— Monsieur Gabriel, je vous présente M. Maurice Dupuis, avec qui je viens de faire pacte d'amitié, et je vous engage fortement à m'imiter, car j'aimerai qui l'aimera.

— Diable! monsieur est aussi heureux qu'adroit et je l'en félicite, dit Chamberlin d'un ton piqué en se décidant à saluer Maurice.

La cloche du dîner, en se faisant entendre, mit fin à cet entretien, qui avait eu lieu sur le perron du château où Chamberlin, plus hardi que Maurice, s'empressa d'offrir vivement son bras à Clara pour la conduire à la salle à manger, dans laquelle ils trouvèrent M. Desrieux et Flora, cette dernière plus parée qu'à l'ordinaire, et près de laquelle Maurice, selon l'habitude, fut s'asseoir, tout en voyant à regret Chamberlin s'emparer de madame de Melvale pour la placer entre lui et le maître de la maison.

— Mon cher tuteur et vous ma bonne amie, permettez-moi de vous présenter M. Maurice, mon ami intime, afin que vous n'en ignoriez pas, et que l'intimité qui va exister entre nous ne surprenne qui que ce soit ; à dater d'aujourd'hui, je l'accepte pour mon confident, mon gentil cavalier, et ensemble nous prenons pour devise celle de l'ordre et de la justice : Honni soit qui mal y pense, dit gaîment Clara au grand déplaisir de Chamberlin, dont la mine s'allongea d'une aune.

— Eh bien, mes enfants, ce lien amical me convient beaucoup ; franchement, tous deux vous ne pouviez faire un meilleur choix pour placer votre affection et votre mutuelle confiance, dit M. Desrieux.

— Et moi, fit Flora, dont la figure exprimait le mécontentement, je me permettrai de te faire observer, ma chère Clara, qu'un ami de l'âge de Maurice est très-compromettant pour une femme de vingt ans.

— Certainement très-compromettant, fit aussi Chamberlin.

— Moins sans doute qu'un ennuyeux soupirant qui vous obsède sans cesse, du matin au soir, en dépit de l'indifférence qu'on lui témoigne, répliqua la jeune femme en fixant un regard sévère sur Chamberlin qui, assez mécontent de l'apostrophe, baissa le nez sur son assiette.

IX

Un mois s'est écoulé depuis que Clara et Chamberlin habitent le château de Villebelle, depuis le jour où Maurice et la jeune veuve ont fait pacte d'amitié; instant heureux et fatal où Maurice a perdu le repos et la gaîté, où, dans son cœur un amour qu'il croit sans espoir a pris racine pour croître de jour en jour et remplir ses nuits d'insomnie et de soupirs. Le bon Desrieux, à qui l'intimité de son protégé avec son ex-pupille semble causer un plaisir extrême, rit dans sa barbe et se frotte les mains tout en se disant tout bas :

— Ça va bien ! ça va très-bien ; car entre jeunes gens de l'âge de Maurice et de Clara, il n'y a qu'un pas de l'amitié à l'amour, et cela me donne l'espoir de marier un jour ces enfants ensemble.

— Mon cher frère, j'ai à vous entretenir d'une affaire très-importante, de laquelle dépend le bonheur de ma vie, dit un matin Flora en entrant dans la chambre à coucher de M. Desrieux.

— Hâte-toi de parler, ma chère sœur, s'il en est ainsi, fit le frère avec empressement et tout en faisant asseoir Flora à côté de lui ; parle, ma chère amie, je t'écoute.

— Mon frère, reprit la grande fille, n'avez-vous pas remarqué que depuis longtemps je soupire et suis d'une tristesse mortelle ?

— Ma foi non, répondit en riant le frère.

— Alors, mon ami, cela me prouve que vous vous occupez fort peu de moi.

— Et peut-on savoir le motif de cette tristesse ?

— Pourquoi je ne dors plus, je ne mange que très-peu et que je néglige la science et l'étude qui étaient tout pour moi ?

— Je ne m'en doute nullement, mais si tu veux me l'apprendre...

— Eh bien, sachez donc mon frère, que votre sœur qui jusqu'alors avait su dompter ses passions afin de consacrer sa vie à l'étude, n'a pu défendre son sensible cœur contre les flèches de l'amour.

— Ah bah! tu serais amoureuse, ma pauvre Flora? Voilà du nouveau et qui me surprend fort; et quel est l'heureux mortel assez adroit pour avoir su trouver le chemin d'un cœur que je ne croyais accessible qu'à l'amour du grec et du latin?

—Ah! ne plaisantez pas, mon frère,

quand votre sensible sœur souffre et languit.

— Mais enfin quel est le coupable ? sans doute quelque respectable voisin, quelque séducteur qui, sous une chevelure grise, cache un cœur encore brûlant.

— Celui que j'aime, mon frère, celui dont les éminentes qualités m'ont rendu sensible, est jeune et beau.

— Holà ! tu me fais frémir, ma chère Flora... Mais son nom ? fit M. Desrieux avec impatience.

— Eh quel autre que notre cher Maurice aurait été capable d'inspirer à une femme comme moi le tendre sentiment qui enivre et torture mon cœur tout à la fois ? s'écria Flora.

— Maurice ! un enfant de vingt ans ! ai-je bien entendu ? fit le frère au comble de la surprise.

— Oui, Maurice, pourquoi vous étonner ? demanda de sang-froid la vieille fille.

— Pourquoi ? mais parce que tu serais

sa mère, pauvre folle, que son âge est incompatible avec le tien.

— Mon frère, je n'ai encore que quarante ans, l'âge où la femme est dans toute sa beauté, fit Flora.

— Ah! femmes! femmes! combien la plus sage d'entre vous est fragile, lorsque l'amour subjugue la raison? Fortifiée par le grec, garantie par le latin, élevée par des exemples de sagesse au-dessus des erreurs de la crédulité et des faiblesses humaines, insensible aux charmes de l'amour, aucun roman sentimental, aucune aventure galante, aucun récit passionné, aucun amant empressé, n'ont pu jusqu'alors subjuguer le cœur et l'esprit de la savante Flora Desrieux ; et voilà qu'arrivée à l'âge mûr, son cœur s'éprend d'une violente et ridicule passion pour un jeune homme qui sort à peine de l'enfance ; mais alors à quoi sert donc cette belle philosophie, cette haute instruction dont tu fais parade, ma pauvre Flora, si tout cela ne t'a pas rendu sage?

— Mon ami, plaignez votre sœur et ne l'accablez pas, dit Flora d'un ton désolé.

— Flora, tu n'es qu'une folle, une extravagante ; crois-moi, guéris-toi d'une passion qui le rendrait ridicule aux yeux de tout le monde, pense que la jeunesse ne peut aimer que la jeunesse, qu'un jeune mari ne peut sympathiser avec une vieille femme, et que la discorde est le seul fruit que produit une pareille union.

— N'importe ce qui arrive, j'aime Maurice, je suis riche et je l'épouserai, répliqua Flora avec fermeté.

— S'il consentait à faire cette sottise, il s'avilirait à mes yeux, parce qu'alors elle dévoilerait en lui, une âme intéressée, cupide, indigne !

— Mon frère, Maurice m'épousera, la

reconnaissance lui fait un devoir de céder à mes désirs.

— Et moi qui ne crois pas que la reconnaissance soit assez puissante, chez un cœur de vingt ans, pour lui faire sacrifier les lois de la nature, je dis que Maurice ne t'épousera pas, et il aura ma foi raison; ensuite j'ai des projets sur ce jeune homme.

— Quels sont-ils? demanda vivement Flora.

— De le marier avec Clara.

— Mon frère, vous ne ferez pas cela, par pitié pour moi.

— Ma chère sœur, lorsque j'ai recueilli ce jeune homme, je ne me suis pas engagé à lui faire payer le peu de bien que je lui faisais de tout le bonheur de sa vie.

— Mais à vous entendre, monsieur, je suis donc une méchante femme incapable de faire une bonne épouse? dit Flora avec colère et le visage enflammé.

— Je te sais une excellente personne, mais si tu ne veux en devenir la plus acariâtre, crois-moi, n'épouse pas à quarante ans passés un jeune homme de vingt ans qui ne pourrait avoir, en ta faveur, d'autres sentiments que celui d'un fils pour sa mère, sentiments qui, quoi que très-nobles, très-respectueux, seraient loin de satisfaire les désirs de ton cœur amoureux.

— Raisonnez tant qu'il vous plaira, mais votre froide morale n'ébranlera en rien ma volonté ; j'aime Maurice et je l'épouserai !

— Il est trop tard, chère sœur ; car, plus observateur que vous, j'ai su deviner que

Maurice aime Clara et qu'il en est aimé.

— C'est impossible!

— Cela est, ma chère sœur. En croyant ne faire qu'un pacte d'amitié, ces deux enfants ont fait un pacte d'amour ; à leur âge, il ne pouvait en être autrement.

— Mon ami, si vous aimez votre sœur, si vous ne voulez la voir mourir de chagrin, il faut vous hâter de séparer ces deux jeunes gens, s'écria Flora très-agitée.

— Je n'en ferai rien, car la vue de ces enfants, leur douce liaison, cette confiance innocente dans ce qu'ils appellent leur amitié me réjouissent le cœur, me rendent heureux. Tenez, Flora, au nom du ciel, ne troublez ni leur bonheur ni le mien en venant, par votre ridicule passion, jeter un brandon de discorde au milieu de nos douces joies.

— Ainsi, sans nulle pitié pour ma douleur, vous voulez me priver de celui que j'aime pour le donner à une autre?

— Flora, interroge Maurice, qu'il prononce entre toi et Clara et je respecterai son choix.

— Alors, interrogez-le vous-même, mon ami et ainsi que vous je me conformerai à sa décision, répondit froidement la vieille fille.

— Dès aujourd'hui je lui parlerai, lui ferai part de tes intentions à son égard, répondit en souriant M. Desrieux.

Tandis que cet entretien avait lieu entre le frère et la sœur, Maurice et Clara chassaient ensemble à travers plaine et bois, accompagnés de Chamberlin qui, jaloux ni plus ni moins qu'un Othello, ne les quittait pas un instant de vue dans leurs plaisirs et promenades. Chamberlin devenu pour Maurice un témoin incommode, un véritable cauchemar qu'il envoyait au diable intérieurement, et duquel, ce jour, il avait formé le projet de se débarrasser en le perdant adroitement dans les vastes bois, où la poursuite d'un chevreuil les avait engagés.

— Il est blessé et ne peut aller plus loin, cernons-le et empêchons-le de regagner les bas fonds, disait Maurice à son rival, après avoir tiré sur ledit chevreuil.

Et comme Chamberlin, peu soucieux de laisser Maurice et Clara seuls, ne bougeait de place :

— N'avez-vous pas entendu Chamberlin, et votre indolence a-t-elle le projet de nous faire perdre notre proie. Mais allez donc! courez donc, fit Clara d'un ton impatient.

— Mais où faut-il aller?

— Tournez ce massif, dans lequel l'animal vient de se refugier; lorsque vous serez de l'autre côté, empêchez-le d'en sortir, et s'il le tentait, faites feu sur lui, dit Maurice; pendant ce temps je vais fouiller les taillis où peut-être expire-t-il en ce moment.

Chamberlin, pressé de nouveau par

Clara, se décida, non sans regret, à s'éloigner pour remplir la mission qui lui était confiée.

A peine ce dernier avait-il disparu que Maurice, enchanté du succès de sa ruse, s'empressa d'emmener Clara, sous le prétexte de chercher ensemble le chevreuil, lorsque son intention n'était autre que de perdre Chamberlin, de se débarrasser de cet incommode rival, dont la présence paralysait sa volonté et ses désirs.

— Mais mon ami, nous nous éloignons beaucoup trop; si réellement vous avez blessé le chevreuil, il ne peut être venu se réfugier aussi loin, disait Clara après un demi-quart d'heure de marche à travers des sentiers sombres et étroits.

— J'en doute ainsi que vous, madame.

— Mais alors pourquoi nous être autant éloignés ?

— Mon Dieu, madame, telle était mon intention, et, s'il faut vous l'avouer, ayant pris un sentier pour l'autre, j'ai commis la maladresse de nous égarer.

— Voilà qui est d'une grande maladresse de la part d'un guide qui prétend connaître ces bois mieux que le garde le plus expert, dit Clara.

— Qu'importe! ne pouvons-nous chasser aussi bien de ce côté que d'un autre?

— J'en conviens, mais Chamberlin?...

— Il nous rejoindra s'il le peut.

— Maurice, vous êtes un sournois et je ne suis pas votre dupe ; vous avez fait exprès de perdre notre compagnon, avouez-le? dit Clara en souriant.

— Eh bien oui, madame, je l'avoue; la présence de cet homme, qui vous aime et vous courtise en ma présence, me fait mal, m'irrite, me fait venir les larmes aux yeux de dépit et de jalousie.

— Comment, c'est à ce point?

— Oui, madame, mon amitié jalouse ne peut souffrir qu'un autre cherche à se faire aimer de vous plus que vous ne m'aimez.

— Eh quoi, chez vous l'amitié est jalouse de l'amour?

— Oui, madame, très-jalouse!

— Cependant si je venais à me marier?...

— Vous marier! ah, ne dites pas cela, madame; vous marier! mais le jour qui éclairerait cette fatale union, serait le dernier de ma vie.

— Maurice, votre amitié est de l'égoïsme.

— Hélas oui! mais est-ce de ma faute si je vous aime, si je souffre, si je pleure!

Et lorsqu'il disait ainsi, d'une voix étouffée, les larmes ruisselaient sur ses joues.

— Maurice, reprit Clara aussi émue que le jeune homme, en lui prenant la main, Maurice, vous m'inquiétez, mon ami ; êtes-vous certain que ce doux sentiment qui vous attache à moi, n'est autre qu'une sincère amitié ?

— Ah ! ne m'interrogez pas, madame, je n'oserai vous répondre.

— Et moi je l'exige, monsieur !

Alors, madame, maudissez-moi,

chassez-moi de votre présence, car j'ose vous aimer, vous aimer d'amour extrême.

La surprise de Maurice fut grande, lui qui s'attendait, après un pareil aveu, à voir éclater la colère dans le regard de Clara, de la voir au contraire lui sourire avec bonté.

— Vous m'aimez ; oh! alors je comprends tout ce que la présence de Chamberlin doit vous imposer de souffrance... Maurice, rassurez-vous ; je n'aime pas cet homme, je ne l'aimerai jamais ! quant à vous, monsieur, qui ne valez pas mieux que les autres, vous qui cachiez traîtreusement l'amour sous le masque d'une fausse amitié, afin de mieux me tromper.. vous attendrez qu'il me plaise de vous pardonner et de vous rendre ma confiance. Maintenant, mon ami, remettons-nous à la recherche de notre chevreuil; peut-être qu'en cherchant notre bête, en retrouverons-nous deux pour une, termina en riant la jeune veuve, dont Maurice joyeux, ivre d'amour, pressa tendrement la main.

Laissons les deux jeunes gens courir à travers bois et rejoignons Chamberlin, l'infortuné Chamberlin qui, depuis une grande heure va et vient à travers les routes et les sentiers, tout en appelant ses compagnons et auquel l'écho seul répondait :

— Chienne de forêt! comment en sortir? de quel côté porter mes pas? Que sont-ils devenus? Comment se fait-il qu'ils ne me répondent pas?... Aurais-je été la dupe de ce Maurice? Clara serait-elle de connivence avec lui? Ah! si je le savais!

Tout en disant et pestant ainsi, Chamberlin, qui avait atteint la grand'route, la longeait d'un pas vif espérant en trouver la fin ou rencontrer un humain auquel il pourrait se renseigner. Deux heures d'une marche forcée et le pauvre garçon vit ses vœux s'exaucer, c'est-à-dire la fin de l'interminable route et un petit village qui s'offrit à sa vue.

— Où suis-je ici, bonne femme? s'informa-t-il à une paysanne qui filait sur la porte de sa chaumière.

— A Chambord, mon cher môsieu.

— Suis-je bien éloigné de château de Villebelle?

— Vous en étiez à près de deux lieues et quatre de Blois.

— Deux lieues ! fit Chamberlin avec impatience et en frappant du pied.

— Ma fine oui ; mais il y a ici tout près une ferme qui appartenons à ce brave M. Desrieux, oùsque vous serez bien reçu et libre de vous reposer un brin.

— Ma foi, ce n'est pas de refus, car la chasse que je viens de faire dans les bois voisins m'a beaucoup fatigué et de plus donné un appétit de chasseur.

Cela dit, Chamberlin se fit indiquer la ferme de Lamoureux, vers laquelle il se dirigea, où le fermier et la fermière, en apprenant qu'il était l'ami de M. Desrieux, leur maître, s'empressèrent de bien l'accueillir et de lui faire servir un abondant déjeûner. Chamberlin était à table, causant avec la fermière, lorsque le son d'une voix jeune et fraîche vint tinter à son oreille.

— Chère dame, qui chante ainsi chez vous avec autant de charme que de goût? demanda Chamberlin.

— C'est notre fille Rose, qui habite ordinairement Paris, où elle exerce l'état de modiste. La chère enfant, qui se sentait mal à son aise, est revenue ce matin ici, où elle compte rester un mois afin de rétablir sa santé.

— Ah! ah! quel âge a cette belle fille?

— Ma fine, elle aura ses vingt ans vienne la Saint-Martin, jour de sa naissance.

Comme la fermière terminait ces mots, la porte de la salle s'ouvrit et Rose se présenta tout en fredonnant une polka. La jeune fille, du premier coup d'œil ayant reconnu Chamberlin, s'empressa de lui imposer silence en plaçant un doigt sur ses lèvres, signe que comprit aussitôt le jeune homme, fort surpris de reconnaître, dans la fille de ses hôtes, sa maîtresse Rosita, l'actrice du théâtre des Délassements-Comiques, de laquelle la coquetterie et les exigences avaient si souvent eu recours à sa bourse.

— Rose, puisque te voilà descendue, chère enfant, tiens compagnie à môsieu, qui est un ami de not' maître, tandis que j'vas veiller aux travailleurs dans les champs, dit la fermière.

— Très-volontiers, mère, si cela convient à monsieur.

— Certainement que cela me convient beaucoup, belle Rosita.

— C'est Rose que je me nomme, monsieur, fit la jeune fille.

— C'est vrai, mais Rose ou Rosita sont absolument la même chose, ma toute belle.

La fermière s'étant retirée, Chamberlin, resté seul avec Rose, donna cours à un violent éclat de rire.

— Que signifie cette hilarité, beau sire? fit Rose avec humeur.

— Pardonne-moi, chère ; c'est que je n'ai pu en vérité rester maître de mon sérieux en reconnaissant, dans l'innocente fille des champs, la joyeuse Rosita, l'une de nos prêtresses de Vénus la plus adorable.

— Vous êtes un sot, Chamberlin, et je maudis le hasard qui me fait vous rencontrer ici, où votre indiscrétion, en me trahissant, peut causer le désespoir d'un père, d'une mère, et me mériter leur malédiction.

— Oh ! sois sans crainte, mon ange, je

me tairai, et mes conditions seront des plus douces.

— Des conditions, je n'en veux aucune.

— Cependant...

— Il n'y a pas de cependant ; vous êtes poltron, je le sais, et vous tenez à vivre. Or, qu'un mot qui puisse dévoiler la moindre de mes fredaines et affliger mes parents s'échappe de vos lèvres, et foi de Rose Lamoureux, je vous fais sauter la cervelle d'un coup de pistolet. Vous m'avez souvent conduite au tir, et vous savez que j'ai la main juste.

— Je le sais ; mais à quoi bon ces menaces, quand moi-même j'ai le plus grand intérêt à ce qu'on ignore dans ce pays l'intime liaison qui a existé entre nous ; car, s'il faut tout te dire, petit démon, tel que tu me vois, je suis amoureux fou d'une adorable dame que j'ai accompagnée à Villebelle, une femme belle et riche que je dois épouser.

— Silence pour silence, confidence pour confidence. Apprenez donc, Chamberlin, que ma santé n'a jamais été meilleure qu'en ce moment ; mais que, comme il me fallait un prétexte pour revenir à la ferme, que j'avais quittée il y a trois mois, je me suis dite indisposée.

— Ça, toute belle, pourquoi cet amour champêtre, et quitter Paris où tu mènes joyeuse vie, pour venir t'enterrer ici au milieu de paysans grossiers ?

— Chamberlin, perdez cette habitude de me tutoyer; on pourrait vous entendre, et cela ferait un singulier effet.

— Tu... vous avez raison, chère; mais répondez à mes questions.

— Eh bien, mon cher, c'est l'amour qui me ramène dans ces parages.

— L'amour ! toi... vous amoureuse, Rosita, voilà qui me paraît surnaturel... Ça, il existe donc dans ce pays un riche pigeon à plumer ?

— Cessez de plaisanter, Chamberlin, et sachez que j'aime d'un amour violent, sincère, désintéressé, un beau jeune homme nommé Maurice, régisseur des biens de M. Desrieux, dont j'ai fait la connaissance ici, et qui me croit une vertu ; sachez encore que nous nous sommes juré fidélité, amour éternel, et que je l'adore assez pour tenir ces serments.

— Ah çà, chère belle, cet amant adoré n'en est-il encore avec vous qu'aux innocents préliminaires? demanda curieusement Chamberlin.

— Je l'aime trop pour ne pas avoir été faible, mon cher. Maurice, quoique n'ayant plus rien à désirer, ne m'en adore pas moins; il est si bon et si beau !

— Connu! fit en souriant Chamberlin.

— Quoi, vous le connaissez ?

— Certes, puisque, en ce moment, j'habite la même demeure que lui, c'est-à-dire le château de Villebelle.

— C'est cela même ! Alors vous allez me rendre le service de le prévenir de mon retour à la ferme.

— Je ne demande pas mieux, et même de lui remettre en cachette le billet qu'il vous plaira de lui écrire, ce qui serait le plus convenable, d'autant mieux que, de cette façon, j'aurai l'air d'ignorer votre intimité.

— Ce que vous dites là est on n e peut

plus sensé... Je monte écrire à Maurice ; attendez-moi en vous promenant dans le jardin, où je vous rejoindrai dans un instant.

Rose s'échappa vivement pour se rendre à sa chambre, où elle se mit à tracer les lignes suivantes :

« Mon adoré Maurice,

« Je suis de retour à la ferme, où m'a ra-
« mené l'amour que tu m'as inspiré. Si tu es
« resté fidèle aux serments que tu m'as fait
« de m'aimer toujours, de ne jamais aimer
« d'autres femmes que moi, viens vite !

« viens dans mes bras, sur mon cœur, me
« donner les baisers et recevoir les miens;
« viens, toi, être chéri, qui le premier a
« fait battre mon cœur innocent; toi qui
« m'as fait connaître l'ivresse et le bon-
« heur. Maurice, si tu tardais à te ren-
« dre à la voix de celle à qui tu as
« ravi l'honneur et le repos, se croyant
« trahie, abandonnée de toi, la pauvre
« Rose, déshonorée, n'aurait plus qu'à
« mourir de honte et de douleur. »

Ayant terminé, ployé et cacheté sa lettre, Rose redescendit pour se rendre au jardin, où elle trouva Chamberlin assis sous un berceau de chèvrefeuille, devant une tasse de café et un flacon d'eau-de-vie.

— Cher, voici ma lettre, surtout pas de maladresse; prenez bien garde de la perdre, et remettez-la aujourd'hui même à Maurice.

— Je n'aurai garde d'y manquer. Çà, toute belle, qu'espère-tu..... qu'espérez-vous, veux-je dire, de ce parfait amour?

— Me faire épouser de Maurice et devenir une honnête femme.

— Voilà d'excellents projets auxquels je m'associe de tout mon cœur.

— Allons, décidément, Chamberlin,

vous valez mieux que je ne le pensais.

— N'est-ce pas ? Aussi, en récompense de mon zèle, tu consentiras sans doute à me donner un de ces jours un rendez-vous sur la brune... tiens, dans le pavillon que j'aperçois d'ici au fond de ce jardin.

— Votre demande n'a pas le sens commun cher ; souvenez-vous donc que j'aime Maurice, que je lui ai juré fidélité, que depuis notre liaison j'ai tenu ce serment ; enfin que je suis entièrement convertie.

— Quoiqu'étant actrice au théâtre des

Délassements? fit Chamberlin avec ironie.

— Actrice, je ne le suis plus, ayant, pas plus tard qu'avant-hier, déposé ma démission entre les mains de mon cher directeur.

— Qui, sans doute, s'est empressé de l'accepter.

— Chamberlin, votre observation est aussi sotte qu'elle est impertinente... vous saurez, gros daim que vous êtes, que mon directeur, qui attache beaucoup plus de prix à la beauté de ses pensionnaires qu'à leur talent dramatique, est désespéré de me perdre, et qu'il m'a fait jurer de revenir à lui le jour où je m'ennuierais d'être honnête femme.

— Chère, comptez-vous le faire attendre longtemps ?

— Toujours !

— Cela est superbe de votre part, ma jolie biche, fit le jeune homme en se levant.

— Vous partez, cher ?

— Afin de remplir au plus vite la commission que daigne me confier votre gracieuse personne.

— Vous êtes un homme charmant. A propos, voulez-vous que je fasse atteler une carriole pour vous reconduire jusqu'à Villebelle ?

— Très-volontiers ; d'autant mieux que la chasse de ce matin m'a très-fatigué.

— Vous êtes donc devenu chasseur, vous, la paresse en personne ?

— Chasseur fort adroit même.

— Où donc avez-vous fourré le gibier que vous avez abattu? votre carnassière est vide.

— Est-ce qu'un chevreuil aurait tenu là-dedans? dit Chamberlin en montrant sa carnassière.

— Est-ce bien sûr? fit Rose.

— Un chevreuil superbe abattu par moi du premier coup, et qu'il m'a fallu laisser sur place, ne pouvant l'emporter, surtout m'étant perdu dans les bois.

Cela disant, Chamberlin suivit Rose à la ferme où ladite carriole fut attelée.

— Adieu donc, mademoiselle, et à bientôt, fit Chamberlin en quittant la jeune fille.

FIN DU PREMIER VOLUME.

TABLE DES CHAPITRES.

—

	Pages
Chapitre I.	1
— II.	49
— III.	71
— IV.	103
— V.	129
— VI.	153
— VII.	183
— VIII.	243
— IX.	269

FIN DE LA TABLE.

Fontainebleau. — Imprimerie de E. Bourges.

NOUVEAUTÉS TERMINÉES.

LES
COMPAGNONS DE LA TRUFFE
Par **PAUL DE KOCK**. — 5 volumes.

LE TAMBOUR DE LA 32ᴱ
Par ERNEST CAPENDU. — 10 volumes.

LA BELLE FÉRONNIÈRE
Par ALBERT BLANQUET. — 6 volumes.

UN AMANT TROP AIMÉ
Par MAXIMILIEN PERRIN. — 2 volumes.

LE ROI DES GABIERS
Par ERNEST CAPENDU. — 11 volumes.

UNE FORTUNE A FAIRE
Par PAUL DUPLESSIS. — 2 volumes.

L'HOTEL DE NIORRES
Par ERNEST CAPENDU. — 6 volumes.

Sceaux, typographie de E. Dépée.

www.ingramcontent.com/pod-product-compliance
Lightning Source LLC
Chambersburg PA
CBHW060641170426
43199CB00012B/1626